SENDEROS

SENDEROS DE SOMBRA

José Mercado Ricardo

SENDEROS DE SOMBRA

joseramonmercado@yahoo.com

ISBN: 978-958-49-3651-6

Imagen de portada:
Sendero en el Bosque
Vincent Van Gogh
Óleo sobre tela/1887

Imagen interior:
Agua del Cielo
Aura María Mercado
Detalle del Cuadro 19 de 100
Acrílico sobre lienzo/2020

Preprensa e impresión:
Editorial Gente Nueva
Tels: 320 2840 - 320 2971
Bogotá, D.C.

Impreso en Colombia
Printed in Colombia

En memoria de

JOSÉ RAMÓN MERCADO ROMERO

Contenido

Segunda Parte

BIOGRAFÍA EN RELATOS DIECINUEVE VECES VIVIDOS

Prólogo

Con este título Jose Mercado Ricardo ha escrito un libro de 19 poemas dedicado a su padre. Inicialmente exalta la casa y sus habitantes, ocupando cada cual el espacio que los identifica. El amor compensa el dolor de las ausencias, de sus historias y recuerdos, en imágenes que el poeta plasma con precisión y nitidez.

En Cronología del Silencio, empieza lo elegíaco. La carga emocional de los días Martes, Domingo, Miércoles y Viernes, es conmovedora. No obstante, el poeta se prepara para librar la batalla decisiva contra la muerte. Pero entre altibajos, aparentes mejorías y recaídas, llega el Viernes del desplome de su cuerpo, sepultando los cantos de esperanza, las noticias alentadoras, las oraciones y los insomnios.

Para él, la poesía era su guía y su destino. A ella encomendó su salvación. Y así sucedió a partir de Testigos cuando sus colegas y amigos decidieron derrotar el olvido exaltando su memoria y el poder de su palabra que recreó lugares y revivió fantasmas, permitiéndole su permanencia en el tiempo.

Este libro y sus presagios es un bello y estremecedor homenaje al padre muerto, que permanece en la casa, pues en su poesía están todos, inclusive, los ausentes. Es el epílogo triste de una batalla breve pero intensa que terminó ese Viernes de luz y pájaros que anunciaban sin cesar la epifanía de su vuelo hacia la eternidad.

En la segunda parte de Senderos de Sombra, de bella y fluida prosa poética, con un alto grado de pertenencia del amor paterno, José Ramón Mercado es el gran protagonista. Relatos diecinueve veces vividos, se inicia con El origen de los sueños y termina con El alma que desembocó en el mar. Principio y fin de un transeúnte incansable que utilizó los pies y su inteligencia para sembrar amores, amistades y recuerdos, pero también rebeldías y protestas en todos los caminos transitados.

Nuevas facetas del poeta homenajeado forman parte de este compendio de vivencias, sucesos, personajes, momentos conmovedores y premoniciones. Hay textos de antología, como El origen de los sueños, Deuda de infancia, La casa grande, Dos o tres vidas y otras muertes, El anhelo de sus ojos y el mar, Padrenuestro y El alma que desembocó en el mar, que acreditan a Jose Mercado Ricardo como un narrador de calidad.

Estos Relatos diecinueve veces vividos complementan los Diecinueve poemas para esquivar el olvido de la primera parte. Aquí la poesía y la prosa comparten espacios y belleza, y son portadores de los mismos sentimientos y del mismo objetivo: exaltar y eternizar la memoria del padre.

Al final, acosado por la proximidad del vuelo, el poeta se despide de la casa, de los suyos, de sus libros, del almendro del antejardín, convencido de que no regresará de ese viaje de expectativas misteriosas. Y se convierte en agua, y su alma desemboca en el mar de la eternidad, desnuda y libre de ataduras materiales.

Muchas veces compartí con él estos versos de mi libro Poemas Finales: Somos conscientes / de la estrechez de la puerta / El alma pasa tallada / y no hay espacio para equipajes.

José Manuel Vergara

Montería, junio 19/21

Primera Parte

DIECINUEVE POEMAS
PARA ESQUIVAR EL OLVIDO

Presagio

Padre,
No llegué a ti libre
        Nací de tu aliento en el barro que construyó tu poesía

        Sabes,
        Que nunca llegará a ti la muerte ni su estío
                No se apagará la agonía con tus sueños que no cesan

Sendero de Sombras

El olvido caminó cansado entre las sombras de la noche

No fue la distancia que te separó de tu estancia
Ni el tiempo muerto entre tus espejos rotos
Ni las ruinas del asombro de todas las auroras que viste florecer

Fue la Poesía
Y su magia
Y su bruma
La que enterró tu dolor

Ramón

José tuvo la paciencia de quien madura los sueños
        De quien esculpe cada golpe del destino a tu imagen y semejanza

Ramón fue el mar que regresó el río hasta la cima de tus aguas

Padre,
        Eres alquimia de dos almas que en tu cuerpo se fundieron sin dolor

Alcira

Pudo justificar el amor con la distancia del agua revivida en la sed antigua
y reciente
Derramando su llanto en el silencio de la ternura diáfana
Descosiendo a diario la túnica de su alma en el temblor
de la madrugada
Y tejiendo con paciencia su amor inmortal en el fuego de todos los días

Amaría

Heredó de AuraMaría – la abuela- su nombre
Y su vocación de amar la lluvia que inundó su alma

De DonChú -El Abuelo- heredó los ojos que dibujan mundos irreales y distantes
Y como pájaro amargo presagió la guerra que combatió mil veces

Amaría -la Hija Alada- deambuló por el cielo prometido
Encontró en el amor llanto y pena
Consuelo en las trampas que hizo el viento
Y Esperanza en la raíz que sembró en su memoria

Al final
Aró surcos en el abismo de la muerte
Y sembró tus versos
Y cosechó la alegría de tu corazón

Mónicamaría

Nunca un ángel amado combatió tanto dolor
Ni sembró en el desierto jardines colgantes de alegría
Que recordarán jugando en un manantial de sueños
Y sombras tristes
El ritual de olvido que cobija tu regreso

JoseRamón

En tu nombre he sido el orgullo del barro que soplaste creando al hombre
Hijo de alta espiga con el corazón esculpido al fuego

Perdóname
Ni Héctor
En Troya
Pudo defender las ruinas de la ciudad después de escuchar el clamor
de las campanas.

Cronología del silencio

Martes

En almenas de bruma se atrincheró la esperanza
Y el guerrero alcanzó a pulir su lanza en el esmeril de su silencio

Domingo

El resplandor de la espada en su brazo se apagó en domingo
Sin oír las campanas de gloria en la batalla
Sin abrir su aliento al llanto de los caídos
El guerrero entregó su castillo al desasosiego

Miércoles

Las heridas del siglo agrietaron sus sueños
El guerrero solo descansó en su vacía heredad
Cuando la guerra se trasladó al campo que nunca batalló en
su agonía

Viernes

El alba despuntó con su luz la alegría
El sonido del vuelo de los pájaros anunciaba la victoria
Cuando acabó la batalla
Ya su cuerpo estaba peleando otras guerras lejanas

Ángeles guerreros

Ángeles guerreros construyeron para ti la próxima aurora

A lo lejos
Los arqueros lanzaban gritos ciegos
Y espirales de luz y de esperanza

A tu lado
La lluvia coronaba el barro de la batalla incierta

Una luna clara descifró la derrota en la tarde:
El reino caerá al amanecer

Hermanos de fuego

Tus hermanos - los versos- lloran la palabra
        Y dictaron en tu corazón la estrategia de la vida

Nadie cantó la suerte de la muerte como tú
        Nadie dejará que se desangre el hechizo de tu voz dormida

Tus hermanos forjaron al fuego los senderos de tu vida
        Y se despiden alegres desde las murallas que levantó tu memoria

Testigos del agua

Padre,
Ningún poeta morirá tu muerte
Ni tu canto al despertar el asombro
Ni la pasión del fuego que se apaga
Ni las semillas del viento que sembraste en el paisaje del olvido

Padre,
Todos los poetas cantarán tu voz

Padre,
El agua no murió en el tiempo
Se quedó en tus manos

Aldea universal

Todas las aldeas del universo pelean tu cuna y tu cuerpo
Y cantan tristes la voz que les dejaste

Para protegerse del silencio que amenaza tu gloria
En las puertas del olvido
Dibujaron con sangre tu nombre

Del Amor

La felicidad derramó la copa de los días en tránsito al recuerdo
Y anidó en tu mirada

Y extendió sus alas dulces en tu presencia
Y se posó en las raíces crecientes del amor
Y en el fruto del silencio

Y cantó alegre en los días de la ciudad y en la noche profunda

Maestro

Nadie nos enseña a morir
Nadie nos regala esta estrecha estela de sombra que es la vida que se agota

Construiste tu ejército de camino al templo
Sembrando árboles
Pariendo hijos
Escribiendo con cenizas viajeras que respirará el tiempo

Día de sombras

La esperanza despunta el alba con tu voz hoy
El sol que calienta tu cuerpo lo irradias desde adentro
Ya la tarde no es más que un puñado de pájaros que sueltas de tu cielo
imaginado
Solo al anochecer crecen los sueños
Ebrios del dolor que no acaba con el día

Miedo

Temo despertar el día
        Y no encontrar la casa habitando tus fantasmas

Nadie entenderá este sueño

                Mi dolor me entrega a tu perdón
        Y solo encontraré consuelo en habitarte

Zodíaco

No naciste del ángel que te encontró dormido en la lluvia de marzo
Ni moriste en el espejo roto que refleja el ardor recalcitrante del sol
de junio

Vives en el sonido del mar de herrumbre de la angustia de agosto
Y en la luz de septiembre
Y en el resplandor de octubre
Caminando incansable el sendero interminable de los justos

Reencuentro

Al llegar supo que Hugo y Guido se habían encontrado
en la vasta heredad de la tierra recorrida
Eduardo amarró con sus manos fuertes tu nave en la bahía sin ánimas
A Julio lo vio en el canto que siembra el viento grande en los altos bosques
Alfonso y Mario de la mano de Berta esperaban en el corredor de la alegría
A Jairo no lo reconoció enseguida
Pero lo encontró en el joven que dibujaba soledades ajenas
En el reino sin fin que te mostró la NiñaPacha
A Ederlinda la delató su mirada alegre y ausente
Nidia tenía la sonrisa reciente de los ángeles que aún habitan la tierra
Vio Naranjal en la estancia estancada del tiempo
A la abuela AuraMaría recogiendo Caráutas
Y Grocellas
Y Cándias
DonChú lo saludó en lejanía levantando con sus manos la cerca extendida
de su vida

Sus ojos no esperaron al llanto, tu voz los había guiado al camino de regreso.

Despedida

Padre
Avanzaste de rodillas sobre espinas sin más dolor que tus propios pasos
Separaste el mar de la noche y entraste en su luz
Caminaste elevado sobre las piedras de la miseria acaudalando soledades
Derrotaste el preludio de la muerte -que es la vida- Y la cantaste en tus versos

Nunca claudicaste en la agonía de la lágrima que cae del manantial del olvido
Ni al abrazo solidario del odio
Ni al beso marchito del amor

Cuando ella tocó tu hombro la estabas esperando
acorazado en la magia que te dio la poesía

Y envenenó tu sangre ardiente
Y conminó tu aliento fugaz
Y apuñaló tu memoria
Pero no pudo con los versos esparcidos como sueños que sobrevivieron la batalla

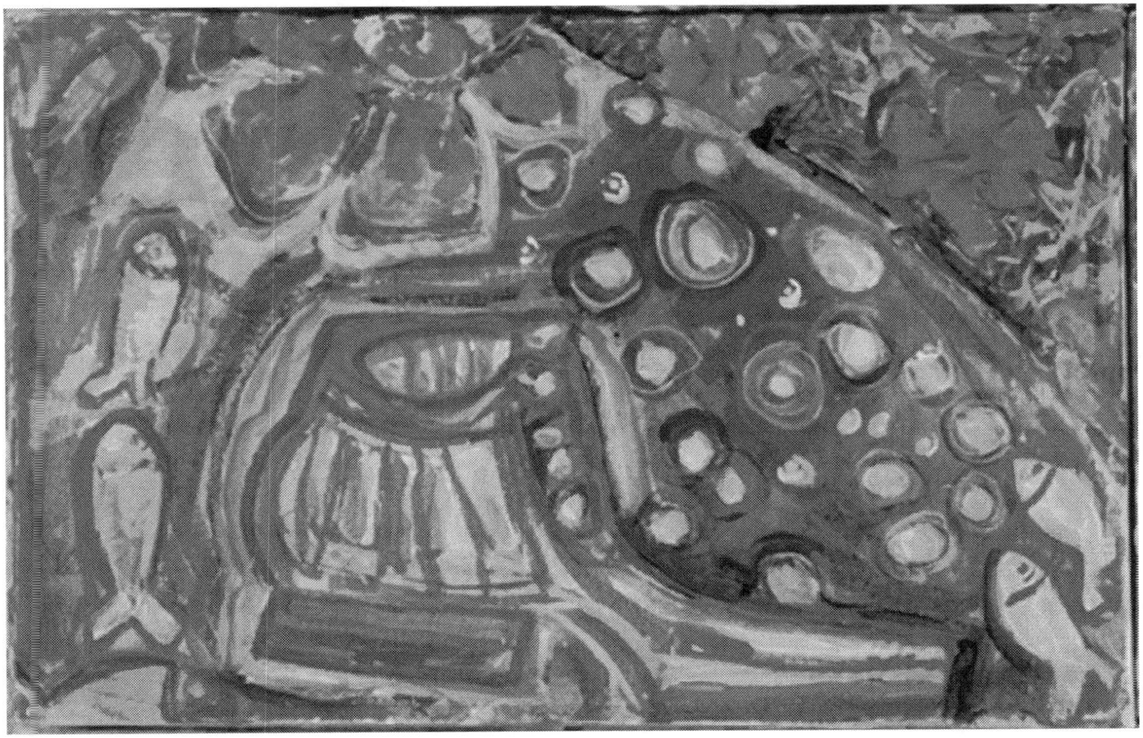

Detalle de la obra "Agua del Cielo", cuadro número 19 de 100 -Acrilico sobre lienzo, 20X30 cm-
Homenaje de la artista plástica Aura María Mercado a su padre Jose Ramón Mercado Romero

Segunda Parte

BIOGRAFÍA EN RELATOS DIECINUEVE VECES VIVIDOS

El origen de los sueños

El jueves 19 de marzo de 1936 -día de San José- AuraMaría volvió a parir mellizos. Era su segundo parto y del primero tenía a Hugo y a GuidoManuel. Al primero en nacer lo llamarían José por su santo y al segundo le pondrían Ramón por el poeta que a DonChú le gustaba tanto.

José nació sano y Ramón nació muerto. Devastada por el llanto, su media hermana Ayda lo envolvió en una vieja sábana gris que se había ensangrentado por el parto y acostó su cuerpo inmóvil en una palangana pequeña que llevó hasta la mesa más grande del comedor. Ya había amanecido, pero aún estaba prendido y colgado el candil de aceite que iluminaba las vidas y las sombras de esa habitación.

José sólo conoció la vida efímera de esa mañana, en instantes su piel se fue oscureciendo, su respiración se fue apagando poco a poco y entre el asombro y el llanto de todos, su vida se acabó. En ese preciso instante en el otro extremo de La Casa, acostado en la mesa del comedor, Ramón lanzó un grito de alegría tan grande que hizo un hueco en el techo de zinc de La Estancia de Naranjal por donde empezaron a ascender sus sueños que no cesan.

Teresita Romero era la lluvia

Los días de Teresita Romero giraban en torno a su radio de baterías en los años que a La Peña sólo llegaba la radio, el calor y la lluvia. Les recordaba a todo el que llegaba de paso a visitarla que AuraMaría siempre paria mellizos, y soltaba lágrimas narrando en voz alta:

-Yo creo que era una compensación de Dios porque el día de su nacimiento, el sábado 24 de septiembre de 1904 su madre Catalina murió en su parto-.

Luego proseguía haciendo cuentas como si no la estuviera oyendo nadie: Después que DonChú regresó de la Guerra de los Mil Días en 1902, él siempre quiso volver a la batalla, pero el nacimiento de algún hijo lo hacía desistir.

Hugo y Guido nacieron el miércoles de 11 de Julio de 1934 el año que terminó la guerra con Perú. Jose y Ramón nacieron el jueves 19 de marzo de 1936 durante una guerra en España que DonChú quiso ir a pelear y no lo dejaron por viejo. Marcos y Gloria nacieron el miércoles 4 de mayo de 1938 antes de empezar la segunda guerra mundial, la más larga y triste que vivimos, y eso que acá no llegaban esos muertos -decía secándose el sudor de la frente-. Luego hacía una pausa y seguía: Mery y Jairo nacieron el domingo 16 de junio de 1940, cuando los alemanes estaban ganando esa guerra. Y a medida que iba hablando iba haciendo cuentas con los dedos de sus viejas manos tristes y haciendo referencia de los años con las guerras lejanas que escuchaba en la radio.

Después se quedaba callada, se paraba en la puerta, miraba el cielo y las nubes que pasaban lentamente, se reía y terminaba diciendo: Mirian Josefina fue la única que nació sola, el sábado 1° de agosto de 1942, pero tuvo que viajar tan lejos que atravesó el mar para encontrar el amor.

La infausta levedad del fuego

Antes del siniestro, el destino había tomado ya una fotografía del instante desde lo alto. En la mañana de ese miércoles 1° de febrero de 1950, DonChú había dejado su caballo amarrado en un horcón cerca a la casa y había caminado en la sombra que iba saliendo en el sendero de la cerca que seguía construyendo cada día.

Después que llegó de la guerra, toda la tierra que cercara era suya -por voluntad del gobierno- decía. Y nadie se atrevía a contrariarlo. Esa mañana, Ramón montó a Jairo en el caballo del padre y salieron a la carretera polvorienta de los días. Un estallido rompió el silencio a lo lejos y fueron los primeros en llegar al sitio del desastre. Entre las llamas del bus accidentado y los árboles que se iban calcinando lentamente vieron a alguien que se movía sobre hojas secas a la orilla de la carretera: era Medardo -conocido de su madre- quien les pidió un poco de agua fresca antes de morir en ese instante.

En ese acto se recrearon en sus mentes todos los eventos pasados y futuros de sus vidas. Vieron en la lejanía el mar añorado y sintieron el frío y la nieve y la muralla de silencio de una ciudad lejana. Escucharon el canto de sirenas en los sueños que ascendían desde el fuego ensordecedor de esa pesadilla. Visionaron en silencio sus mujeres, sus hijos, sus nietos, y cada instante hasta el final de sus vidas y también el principio de su creación.

Esa tarde infausta nació en Ramón y Jairo un fuego creciente que incendió sus días y no acabó con el silencio grosero de sus muertes y ese fuego creció en cada cuento, en cada verso, en cada canto, en cada aliento cansado de cada noche y que no se apagará ni con la lluvia, ni con el tiempo, ni con el olvido que los demás somos.

Deuda de infancia

Jairo y Ramón fueron internados en recintos diferentes a estudiar separados por el destino y unidos por el amor. Sólo se encontraban los domingos en la Plaza de Bolívar donde miraban a sus amigos patear bola de trapo en la cancha polvorienta frente a la parroquia de San José de Corozal.

Los zapatos rotos de Jairo no aguantaban más remontadas, pero Ramón ya tenía en la mira unos zapatos viejos que Gurmecindo Cuéter tenía en su heredad junto a seis pares más y 19 trajes de ocasión, en la amplia y clara habitación distante de la suya. Por ello, el cumpleaños 13 de Jairo, el martes 16 de junio de 1953 no pasaría en vano en la memoria de ambos; y el domingo antes, durante la misa de la mañana, Ramón -decidido a ser ladrón- fue a buscar los zapatos que tenían ya el charol azul perdido, talla 38 y punta redonda, con la agonía de quien se roba un alma. Se llevó su vieja sábana para envolver el delito y cuando en el campanario tocaron las 12 horas y se escuchaba el canto de la avemaría se lanzó al pecado, con la suerte que ya los zapatos no estaban en el escaparate ocre de su memoria. La rabia atormentó su llanto y se fue derrotado y vacío al encuentro con su hermano Jairo. El perro flaco del internado -VuelaMasQuelViento- ladraba desde el patio de basuras donde lo estaban esperando los zapatos; Jairo los recibió como quien recibe un hijo amado, pero la felicidad nunca es completa y el destino no los libró del pecado: los zapatos fueron denunciados robados de la habitación y por ello, Ramón convenció a Jairo que sólo los usara dentro de su lejano recinto escolar y para pontificar clases y misas. Desde entonces Jairo siempre salía descalzo a patear bola de trapo a la calle, pero usó los zapatos de charol perdido hasta el día de su grado de bachiller.

El sábado 13 de agosto de 1966 cuando nació Felipe, en unas cajas viejas en el piso uno de la torre catorce del conjunto Restrepo en Bogotá, Jairo encontró los viejos zapatos de charol y se los mostró a Ramón; esa noche rieron a carcajadas. Con vocación de santos los mandaron a pintar de azul charol, amén de betún y nuevos cordones negros y los llevaron al mismo patio de basuras del viejo internado Percy Vergara -ya convertido en morgue-, escondidos entre las sombras y la bruma de una noche clara que pasaron por Corozal en camino a Naranjal.

La Casa Grande

El primer recuerdo que Ramón tenía de Ovejas es la Casa Grande de la Calle Real. AuraMaría los llevaba cuando la invitaban allá a conversar. Esa era la casa más grande y próspera del pueblo, fruto del trabajo centenario con los cultivos de tabaco que habían traído de Cuba para probar la tierra a mediados del siglo pasado. Y el agua y la tierra hizo prosperar al pueblo y las tabacaleras donde DonChú llevaba en cada cosecha más de ciento cincuenta mulas desde la Estancia de Naranjal y se lo entregaba a los Pizarro; los dueños de la Casa Grande y de las fábricas donde se procesaba la hoja y se enrollaban en calillas con su marca Pizarro. Todo sin recibo, sólo con la palabra sagrada. En medio de tanta austeridad, le llegó a AuraMaría un pedido inusual desde la Casa Grande: los niños de la casa no querían comer y le solicitaban que los visitara con sus hijos para que los vieran comer con hambre vieja. Al llegar a la Casa Grande había tanta comida que a Ramón y a Guido se les salieron las lágrimas -no habían visto tanta comida junta en su vida- y los niños de la casa también lloraban, pero obligados a comer. Nadie sabía dónde les cabía tanta comida a los flacos hijos de AuraMaría quienes ante la vista impávida de todos empezaron a comer pasado el mediodía y terminaron al atardecer sin dejar en sus platos un solo grano de arroz usando modales principescos.

Durante años de violencia atroz que vivió Ovejas -a finales del siglo pasado- todo el mundo se fue del pueblo. Don Jaime abandonó la Casa Grande y la puso en venta por veinte millones. Esperó diez años por la primera oferta que le hizo

Ramón ahorrando treinta y ocho años de trabajo de maestro. Su familia se opuso a ese negocio y como último recurso convidaron al tío Alfonso y al primo Mario a convencer a don Jaime que no le vendiera esa casa a Ramón: va a hacer que lo maten, le dijeron. Él por amistad y sensatez aceptó. Don Jaime, aún fiel a la palabra sagrada, le dijo a Ramón que no podía venderle la casa porque ya tenía otra oferta, esta vez de veinticinco millones. Un mes después Ramón llegó a su casa con vasta alegría y le dio a su familia su feliz noticia: compré la Casa Grande.

Con el tío Alfonso fuimos donde don Jaime quien no nos recibió, pero nos mandó a decir: "les iba a cumplir, pero Ramón me trajo treinta millones en efectivo y no le pude decir que no", -que gracias-.

Extraño laberinto del destino

El miércoles 11 de agosto de 1953 -cumpleaños de Alfonso- Hugo le llevó a Bertha -mi abuela materna- la encomienda de la semana sin saber que, entre batatas, ñames y una bolsa de ajidulces también se había colado el destino. Don Mario -mi abuelo materno- le había pedido el favor de llevar el encargo a Hugo, en su paso por Ovejas, recién llegado de Barranquilla y con destino Medellín. En este viaje, Hugo le había traído de paso a AuraMaría -su madre- una pulsera de plata con un dije de Sanfrancisco de Asís que había comprado en Calamar. Esa misma tarde Ramón tomó la pulsera y se la regaló a Alcira quien en su inocencia la aceptó con gusto. Más tarde y en un descuido de Hugo, Gloria y Alcira se subieron al camioncito de Don Mario y se fueron aguas abajo de la empinada calle Nariño cuando sin querer soltaron el cambio, Mayo entró corriendo a avisarle a Bertha que estaba desenvainando frisoles para el almuerzo. Las detuvo una pared de la casa de Gabriela -su tía- quien de milagro no estaba tomando el chocolate de bola en la esquina de su tienda. En ese tropel a Alcira se le cayó la pulsera en el piso del camioncito que Hugo le llevó a Don Mario antes de seguir su viaje.

Hugo encontró la pulsera en el piso extrañado porque él juraba que se la había dejado a su mamá en la mesita de noche de regalo. salió ya entrada la noche con planes de parar en Valdivia -donde tenía una conocida- antes de empezar a subir a Medellín. Esa fue la última vez que lo vieron. Nunca lo encontraron bajo el alud que consumió su vida y sus sueños.

Más de sesenta años después, bajando de Medellín, Ramón me dijo: -orilla el carro aquí- y se bajó sorpresivamente. Salimos JoseManuel y yo detrás de él para saber cuál era su interés de entrar a Valdivia. En una estrecha calle del pueblo preguntó por MaríaTere y le señalaron una casita triste donde ella se asomó sin pena: hola Ramón, lo saludó con una sonrisa conocida y le mostró envuelta en una bolsita de tela la pulserita que se le había quedado a Hugo antes de la tragedia. Me dijo que era para AuraMaría, pero yo sé que le queda mejor a Alcira y se la entregó soltando un lamento triste que enterraba en un segundo el dolor de tantos años.

Dos o tres vidas y otras muertes

Cuando terminó su bachillerato en Barranquilla, Ramón regresó a Ovejas con sus sueños intactos y sus bolsillos vacíos. Don Nacho García -su padrino- vivía en Bogotá y en un marconigrama le había escrito que podía quedarse en un cuartico que tenía detrás de la farmacia si quería ir a estudiar allá, pero que tenía que ayudarlo en las noches despachando las pocas urgencias que llegaban en las frías madrugadas. Aún estaba en duelo por la muerte de AuraMaría, ese imborrable viernes 6 de abril de 1956 pero siempre sentía que su madre le bendecía sus pasos. El pasaje en bus a Bogotá costaba diecinueve pesos y eso no atajó sus sueños. Escribió de su puño y letra más de cien cartas y se las llevó a todas las personas que pudo entre Ovejas y Corozal y con ese primer esfuerzo consiguió veintidós pesos para el viaje. Pasó física hambre en esos tres días que duró el trayecto y al llegar a la terminal de la avenida Caracas de Bogotá, entre calles 10 y 11 sintió por primera vez el frío y la soledad abrumadora que lo acompañó durante toda su vida. Le quedaba un peso con treinta centavos y decidió tomar un taxi hasta la droguería con las indicaciones que Don Nacho le había dado en una carta -Productos Labe decía en el letrero de afuera- le confirmó don Nacho. Su angustia se acentuaba con cada golpe de diez centavos del taxímetro y su joven corazón se detuvo cuando la cuenta pasó del peso con treinta que tenía en el bolsillo. Cuando el taxímetro contaba un peso con noventa le estaba preparando el discurso al taxista cuando este lo interrumpió: es aquí. Por el letrero identificó la droguería y Don Nacho, que lo estaba esperando afuera, pagó el taxi y tomó su maleta de cartón. Esos años pasaron volando y tan pronto se recibió en Ciencias Sociales regresó a Ovejas para el cumpleaños de DonChú, el martes 31 de diciembre de 1963. Cada minuto pensaba cómo pagaría la deuda de gratitud que tenía con su padrino quien lo despidió llorando con el mismo cariño que lo recibió el primer día que llegó. Yo soy el que le debo a AuraMaría: ella me amamantó cuando quedé huérfano- le dijo Don Nacho a Ramón el día que lo despidió-. Ahora te traslado a ti mi deuda con ella, escríbele un poema en mármol para su tumba le sugirió sonriendo Don Nacho.

Ramón tardó veinte años en pagar esa deuda y dos o tres vidas y otras muertes después aún brilla en el mármol infinito y gris del cementerio de Ovejas esos versos tristes que comparten Auramaría y DonChú eternamente.

El anhelo de sus ojos y el mar

Alcira era la estrella más lejana de todo su universo y así lo cantaba en sus versos. El sábado 24 de septiembre de 1966 Ramón recordó que si Auramaría no hubiera muerto estaría cumpliendo 62 años ese día. Se la imaginó por un instante a su lado y la recreó en su memoria con su explosiva sonrisa y acariciando su cabeza pegada al vientre de la madre amada. Lo interrumpió la noticia que Alcira se iba a trabajar cerca al mar lejano y desconocido de la ciudad vencida por un eterno desamor. No tuvo necesidad de pensarlo y ayudado por ese viento incierto que provocan los sueños, abrió al viento sus velas mal cosidas con retazos de tristezas y recuerdos, y empacó en un baúl de cartón las únicas pertenencias que tenía: unos manuscritos enrollados amarrados con cintas negras, unas viejas camisas desteñidas y heredadas de algún benefactor anónimo, dos pantalones largos y el hambre acumulada de su orfandad de amor.

Llegó ya en la tarde al puerto oscuro de la ciudad antigua. Allí encontró sus ojos, ancló su corazón y quemó sus naves.

Cartagena era aún de piedra y sal enmohecida, recuerdos efímeros de ventanas podridas donde florecía el verano en las paredes del estío. Una tarde, después de nacer mil veces, parados sobre la boca de la muralla de la calle de la Esperanza y mirando el mar lejano, juntos conocieron el amor.

El baile de los bastardos

El viernes 10 de noviembre de 1967, Ramón estaba practicando la obra teatral que presentaría en la clausura del año escolar del Liceo de Bolívar. En la casona del cuartel del fijo, el colegio era un blasón de la academia en Cartagena, pero hechos violentos durante ese año desembocaron en la llegada del estricto profesor Alberto Castaño, enviado del Ministerio de Educación para dirigir y poner en orden la institución. El profesor Mercado presentará su obra en la clausura -le indicaron los estudiantes en el orden del día- y el profesor Castaño aprobó con la cabeza mirando por encima de sus espejuelos de oro. ¿y cómo se llama la obra?, les preguntó a los estudiantes. -Es una sorpresa- respondieron en coro. A las seis de la tarde ya con el auditorio lleno presentaron en una cartulina negra con letras pintadas en blanco: "El Baile de los Bastardos" como título de la pieza teatral. Esto alertó al profesor Castaño quien de inmediato dio aviso a las autoridades policiales colindantes que se podía presentar un acto de insubordinación en su institución. Al llegar al colegio, los agentes persiguieron corriendo a los actores disfrazados de ladrones y policías y meretrices por el patio del recinto. Todos se escabulleron del sitio dejando el libreto de la obra en la tarima. -Quémenlo- ordenó Castaño y así pensó borrar la obra de la faz de la tierra. Al enterarse, el gobernador Vergara Grau suspendió al profesor Mercado y retuvo su salario "hasta nueva orden" como dictó su sentencia. Deambuló treinta y tres años sembrando su palabra en Magangué, Mompox, Neiva, Villavicencio, Bogotá, Tunja Cúcuta, Montevideo y Buenos Aires, y regresó a Cartagena con su obra de teatro en la memoria, presentando anualmente su solicitud de reintegro al Liceo en el juzgado correspondiente como le recomendó el doctor Valderrama, su abogado y amigo. Batalló en todos los juzgados del país para obtener los sueldos retenidos, la pensión y el descanso merecido, pero el destino y el doctor Santamaría -un abogado no tan amigo- le hicieron la jugada: le robaron el pago de todo lo adeudado presentando un poder autenticado que Santamaría falsificó.

Eso los devastó. ¿Y ahora qué vas a hacer con el doctor Santamaría?, le preguntó Alcira.

Pues voy a estrenar "El Baile de los Bastardos". Ahora Santamaría será el ladrón protagonista, concluyó sonriendo.

Tormenta de silencio

Cuando nos bajamos del Austin Morris del 63 empezó a llover. Ramón me cargó en sus hombros cuando vio al tío Jairo llevando a JairoErnesto en brazos y a Felipe llorando y corriendo bajo esa lluvia que helaba los recuerdos. La tarde había caído hacía rato ya. Cuando llegamos empapados la noticia del traslado fue bien recibida por Alcira porque a ella no le gustaba el frio de esa ciudad triste, ni la lluvia, ni la soledad, ni el desamor.

La navidad del viernes 24 de diciembre de 1976 no vino con regalos. Yo había pedido una pista de carros de carrera con control y lloré cuando me dijeron que el Niño Dios la iba a dejar en otra ciudad que esperaba por nosotros. Esa mañana fui con Felipe al Tía más cercano y me llevé dos carros de metal en los bolsillos. Mi mamá me llevó a devolverlos en la tarde. En castigo nunca recibí la pista de carreras, pero me dieron un tren en su riel.

El lunes siguiente salimos temprano Eduardo, mi papá y yo a la odisea que fue el camino de regreso al mar en el Austin Morris del 63. AuraMaría se iba en avión con Alcira, que me envolvió seis ponqués y siete huevos cocidos en una lonchera que me comí antes de salir de esa ciudad tan triste.

Nos varamos tantas veces que pensé que nunca conocería el mar. Recuerdo que lloré tanto que se me secaron las lágrimas y al final sólo lloraba con quejidos. Una madrugada llegamos varados a un taller con el piso de tierra y sucio de la grasa oscura de los años. ¿Aquí es donde sangran los carros? le pregunté a mi papá, que no me contestó acosado por sus silencios. Detrás de las paredes del taller sentí que corría el agua. Ve a recargarte las lágrimas a la cascada, me dijo Eduardo riéndose; lo que viene es llanto, mijo, concluyó.

Llegamos a Cartagena ya en año nuevo a la casa de Bertha, donde el viejo motor del Austin Morris del 63 se fundió al llegar. Ese día sentí que mi madre me volvió a parir en su amor y luego, ya entrada la tarde me llevó a ver el mar inmenso. Todas las noches, en sueños, aún evoco ese amor y ese mar.

Lección de vida

El viernes 12 de octubre de 1979 icé la bandera del colegio con más miedo que ganas. Tenía una camisa manga larga muy oscura para el calor de la mañana, pero la felicidad florecía a borbotones en esa temprana y feliz infancia. Mi madre no había podido venir al acto de clausura del colegio por su avanzada preñez. Monicasofía después de diez meses de gestación nacería en cualquier momento y mi papá nos había mandado al colegio con el tío Ramiro que había pasado temprano a ver a su comadre.

Recibí esa medalla con una tristeza que aún recuerdo a veces, mitigada por el hermano Pablo -rector del colegio- que investido de una solemnidad mítica, me felicitaba desde la palestra con una sonrisa. El día empezaba a crecer en los árboles despidiendo la niñez porque el año siguiente empezaría el bachillerato. Después del segundo recreo se me salió el corazón por la boca: mi padre acompañado por la hermana María Del Carmen se acercaron a mi salón de clases ya iniciada. Présteme a Mercado -le dijo a la seño Escilda- que su papá lo vino a buscar. Hay lecciones que sólo se aprenden en el camino, oí que les decía mi padre a lo lejos.

Al principio no sabía lo que estaba pasando, pensé que había venido a felicitarme, pero su cara impávida me alertó de lo peor: mi hermana no nació, alcancé a pensar. Temeroso y con la medalla aún en el pecho le pregunté ¿qué pasó? Pero el silencio hizo mella en todo el eterno viaje de regreso a la casa amada de la infancia. Me empujó suavemente por la cabeza hacia el baño donde había olvidado bajar la palanca esa mañana.

-Baja el inodoro que de las heces no florecen rosas- me dijo. Ese día triste conocí la esencia de la poesía en su vida.

El abismo de la poesía

El viernes 19 de octubre de 1979 Ramón armó una cama con unos cuadrantes en la cabecera -llenos de libros- que le había regalado Guido en Barranquilla y me mudó a dormir a la biblioteca de la casa. Esa semana había nacido Monicamaría y acomodaron su cuna en el segundo cuarto con Auramaría. Esa tarde estiré el brazo y saqué un libro de la cabecera. Esa noche conocí asombrado una canción desesperada.

El año siguiente y dos días después de cambiar de colegio, el padre Mario me llamó a la rectoría: Joven Mercado, me intrigó su nombre: tienes un homónimo que es escritor. Mi papá, le contesté. ¿Y tú escribes también?, me preguntó. Claro padre, poesía, le mentí. Pero más rápido cae un mentiroso que un ladrón y el padre Mario sin levantar la mirada de sus lecturas me dijo: entonces tráeme algo tuyo mañana para leer.

Ha sido la tarde más larga de mi vida. Y encerrado en mi dormitorio-biblioteca, empecé releyendo a Neruda y el Solamente Amor del poeta Vergara y terminé malcosiendo unos versos de mi padre con los del inmenso Pessoa. Escribí una amalgama extraña sin sabor, ni ton, ni son y al día siguiente se lo entregué al padre Mario, después de los buenos días.

Unos días después supe que mi padre había sido llamado a la rectoría. Asomado a la ventana vi que Mario le entregó lo que yo había escrito y mi padre lo guardó en el bolsillo de su camisa. Les esquivé a ambos la mirada por más de un mes.

Un viernes después de llegar del trabajo entró a mi cuarto con el papel arrugado en la mano: ¿Quien escribió esto?, me preguntó. Yo, le respondí. ¿Cuándo lo escribiste?, volvió a preguntar. Una tarde, le respondí con el susto de un condenado a muerte. ¿Y por qué le dijiste al padre Mario que escribías poesía?, volvió a preguntar. Pues pensé que era lo más fácil de escribir, le contesté mirándolo a los ojos.

No ha pasado un día desde entonces que no haya intentado atravesar -sin lograrlo- ese abismo que creó la poesía.

Padrenuestro

Mi primer padre sucesivo fue mi tío-padrino Eduardo, quien en los albores de la infancia y recién llegados de Bogotá me llevaba a Lemaitre en la troja del Studebaker a jugar en ese patio tan inmenso como su corazón; allí el primo Edua era mi hermano mayor y Gérman el sabio referente. Más tarde, los días felices de la adolescencia venían pintados de amanecer cada sábado. Esas madrugadas cuando iniciábamos el viaje a Viento Grande, Julio se convertía en el padre que pobló mi vida de felicidad, de risa y monte: con Chéche y Ástri soñábamos despiertos hasta las mañanas pobladas de silencio y de niebla. El tío Bernardo hizo esencia de su fe y sembró en mi vida muchas de las semillas que hoy resiembro en mi Estancia. Más tarde, el destino me daría otro padre: a GuilloLeón y su alegría, que conocí en Barranquilla y con Guillote -su hijo- deambulamos sonámbulos durante años las eternas madrugadas de Ovejas en el fragor de la amistad perenne. A lo largo de toda esa vida el tío Ramiro aparecía como el padre que siembra paciencia y recoge el amor de los años. El tío Alfonso era la sombra en la canícula de la vida, el consejo sensato, el amor incondicional y el amigo y el padre amado. Más tarde el tío Guido era la esperanza de la vida, el día que nunca acaba, la sonrisa fresca que siempre se derrama en las cascadas del destino. José Manuel -sin él saberlo- fue el padre idealizado, tanto que mi hijo tiene su nombre. Hace muchos años que a Luis Carlos lo quiero tanto como a Ramón, y con Paola él sembró en mí la confianza de un amor que se escribe desde la página en blanco de cada mañana y desemboca en versos callados cada anochecer, como quien pinta en un lienzo imborrable la vida y el amor y los sueños.

Ahora sé que Ramón no sólo me preparó para esta vida, creo que también me hizo escalarla de la mano de otros padres. Unos, inmersos en una tristeza infinita se fueron primero que él y otros, aún lloran su ausencia conmigo; pero nunca aprendí a encarar la orfandad de su vida y sus versos, y en ese balance triste sólo nos queda el cariño infinito que siempre nos ha regalado Alcira, que nos llena ahora como fuente viva de un amor que no cesa.

La Calle Nariño

Durante toda esta vida he tenido el mismo sueño recurrente. He soñado a diario que esta vida que tengo no es real; o por lo menos, no es real de una manera conocida. En esa otra vida que pasa junto a esta, soy hijo de José, el mellizo de mi padre que murió después de nacer. En esos sueños José no murió, pero no se dejó rescatar del olvido con la Niña Pacha y se quedó junto a DonChú en Naranjal a trabajar la tierra. Esa mañana que les cambió el destino, después de dejar el agua en los aljibes de Ovejas, José cruzó de largo en sus mulos sin asomarse a la puerta de la escuela de Francisca Fernández en Ovejas -a la que Ramón por curiosidad entró- y en cambio regresó temprano con los encargos de su padre -sin Ramón- a la casa de la Estancia en Naranjal.

En ese sueño extraño José siguió cargando el agua de los manantiales de esa vida simultánea y siguió labrando la tierra y siguió sembrando sus sueños y siguió recogiendo atardeceres cada día, y no ha muerto aún. En esos sueños diáfanos aún vivo cerca de la casa en que nacieron mi padre José y mi tío Ramón, aún despierto al alba y duermo cuando aparece esa luna amarillenta en los recuerdos.

En esos sueños soy el cuarto de ocho hermanos: Eduardo, Óscar, Julio César, mi melliza Astrid, Fabio, Gustavo y Reinaldo, el menor.

En ese sueño aún paso a lomo de mula por todo lo largo de la Calle Nariño y a diario me veo en cada puerta asomado en un espejo roto, en que otro yo, vestido de manera diferente, me mira sorprendido cada vez que paso.

El alma que desembocó en el mar

Nunca entendía por qué Ramón y mi padrino Eduardo siempre discutían sobre quién había sembrado el frondoso almendro en la puerta de la casa del Alto Bosque un viernes 26 de septiembre de 1969. El día que mi padrino murió Ramón estaba barriendo hojas y semillas germinadas del almendro acumuladas en el techo de la casa y cuando supo la triste noticia se derrumbó en vida. Fuiste tú Edua, tú sembraste este almendro, le oí decir en llanto desde abajo, donde estaba recogiendo las hojas que caían del techo en lo que más se ha parecido a un otoño en esta vida. Con la partida de Eduardo la vida se llevó una parte de su alma. Otra parte fue la tía Ederlinda -tía por cariño- dueña de una felicidad que no tenía fin. A Julio lo lloró su alma desde adentro, en silencio; se querían como hermanos que la vida y el azar unió. Otras partes de su alma se la fueron llevando Jairo primero y Guido después. Al final me quedaré solo, decía.

El día que lo iban a hospitalizar por prevención le dijo a Monicamaría que no empacara nada. -Yo no voy a volver- le dijo con la certeza de los ojos que lo habían visto todo. No digas eso, le contestó Mónicamaría escondiendo su llanto. Al salir de la casa le pidió perdón a Alcira en silencio por los errores de su vida y de verdad nunca volvió.

En su corta agonía y atado a monitores en su cama, sus brazos se volvieron la extensión del viento; sus piernas las raíces de los árboles que crecían en los arroyos de la Estancia en Naranjal. Su mirada se fue desvaneciendo hacia adentro y al final, antes de cerrar sus ojos para siempre le dijo a Auramaría al oído: -Agua, diles a todos que me volví agua- y desembocó en el mar.

Cuatro estaciones de la memoria

Al hermano mayor Hugo, el invierno lo sepultó entre sueños de juventud mientras dormía en el oscuro silencio de Valdivia. Esa noche la muerte lo encontró sin avisarle y se llevó sus restos al rio inhóspito y al mar sin fin. En cambio, a Guido le avisó muchas veces; tantas que decidió llevarse primero a Jairo, quien en una primavera olvidada por los duraznos en flor y con el helado aliento de la muerte respirando su nuca viajó de Corozal a Bogotá en un vuelo sin escalas de silencio para morir en brazos de la tía Teresa. Por eso yo creo que el hombre más feliz de la tierra era el tío Guido. Hospitalizado de gravedad, y cuando la muerte avanzaba de frente y se llevaba a sus vecinos de habitación, se cambió a un cuarto por donde ella ya había pasado imponente, para evitar el beso ciego que regaba a su paso. Tan feliz era el tío Guido que mandó a hacer su cómodo féretro a la medida de su cuerpo y se escondía en él. Otra vez el tío Guido enfermó tanto que Miriam Josefina atravesó el mar para compartir su dolor, pero encontró fue su sonrisa. -Qué pena contigo Atala, haberte hecho venir en vano- le dijo sonriendo cuando despertó del coma. Por eso muchos años después en un verano ardiente, Barranquilla lo despidió con un arroyo de cayenas amarillas y rosadas que poblaron el viento de la ciudad alegre con su canto. En el preludio inquebrantable de su agonía, la tía Eunice le oyó decir sonriente: -Ahora sí deja entrar a la flaca- y se despidió apretando su mano con la última furia de su corazón.

Pero a Ramón nadie lo vio morir en otoño. Paola y yo a veces creemos que aún no ha muerto, que sus restos no eran los suyos. Yo a veces pienso que en su terquedad salomónica se levantó de la camilla, se calzó su sombrero y sin avisarle a nadie se levantó y se fue. Aún espero que de pronto aparezca caminando apacible, todo vestido de blanco, ensombrerado y compuesto, en la puerta de su casa de Ovejas pidiendo el café de la tarde.

Caligrafía

Ramón fue un Poeta hecho a mano y sin corrector. Guardaba la esencia y la pasión de escribir a mano con una caligrafía difícil de entender. Su primera escribana inversa fue Ermina, quien dueña de una paciencia no conocida en otro ser transcribía y volvía a transcribir sus versos como caídos de las pérgolas de su memoria. Después de su temprana y triste muerte y durante muchos años, heredé la tarea de transcribir sus versos con el cuidado de no cambiar una letra o malponer una coma o sobre espaciar un lamento so pena del castigo de empezar con la hoja en blanco ante cualquier error o tachón en la vieja Olivetti que teníamos en la casa. Felipe continuo la lista, pero lo venció el dolor de transcribir sus aguas profundas. Al final, el cielo se lo ganó Gilberto, quien por más de quince años lo acompañó en la soledad poblada de su aldea universal. Cuando llegaba los sábados a transcribir su semana, encontraba versos escritos en las portadas de los periódicos, en servilletas sin usar, en contraportadas de libros ya escritos, en facturas del peaje y hasta en billetes de denominaciones varias. Ramón ordenaba esos retazos como siguiendo un pentagrama conocido y al instante los versos caían ruidosos como creciente intempestiva sobre sueños secos de la memoria. Al llegar a la oscura habitación del hospital y entre monitores, pidió un poco de papel y un plumero. No es política del hospital, le dijo la enfermera. Y ese día empezó a morir un poco.

En el momento exacto de su muerte y muy lejos de él, vi que las nubes se estaban acomodando de manera extraña. Por varios segundos de ese viernes 11 de junio de

2021 a las once y diecinueve de la mañana sentí un temblor inexplicable, minutos más tarde recibí la llamada fatídica de Monicamaría: encontramos la cama vacía, me dicen que mi papá ya murió.

En ese preciso instante reconocí su caligrafía encima de los árboles de mi patio:

-Llegué al cielo que me habían prometido, le dices a Alcira- me escribió por segundos en las nubes lejanas que una lluvia repentina borró.

Presencia

Ese viernes 18 de marzo de 2022 antes del amanecer, me senté a tu lado en la banca de la terraza donde ya tenías horas de estar leyendo el periódico del día. Lo supe porque ya habías hecho apuntes en los espacios en blanco que quedaban en los bordes del papel, que ordenarías -un año después, tal vez- en versos para un nuevo libro. El verano estaba terminando y a través del almendro aparecía una lluvia pertinaz sobre nuestros días. Te pregunté si querías café, pero no me contestaste. Creo que ya estabas perdiendo un poco la audición -como yo- pensé.

Al día siguiente era tu cumpleaños y viajaríamos a la Casa Grande de Ovejas a celebrarlo en familia. Mónicamaría había prometido llevarte, pero se complicó al final de la semana y aproveché el puente festivo para verlos a ti y a mamá. Alcira aún estaba indecisa sobre acompañarnos y como siempre decidiría su viaje unas horas antes de partir –con la maleta hecha de varios días atrás-. Paola tenía un interés adicional de colectar begonias en ese patio mágico de la Casa Grande de Ovejas.

Durante el viaje ibas callado, te distrajo un aviso pasando la carretera cuando entrábamos a las curvas de San Cayetano: "El día es hoy" estaba escrito en una paredilla. -hace años que dice lo mismo -, comentaste -y nunca llega ese día-, dijiste entre risas.

Llegamos a la casa pasado el mediodía del sábado. Antes del almuerzo saliste afanado de la casa. -Ahí va- dijo Alcira frunciendo el ceño. -Déjalo- le alcancé a decir a lo lejos viendo cómo subías la calle del cementerio. "El día es hoy" te escuchamos decir. Esa noche celebramos con algunos amigos que llegaron a saludarte y el domingo el desayuno estuvo inmerso en una felicidad que no recordaba de antes; nos leíste un cuento que ibas a mandar a un concurso de cuento corto en Barcelona la próxima semana. El lunes festivo, ya de regreso a Cartagena te vestiste de blanco y saliste temprano a recorrer las calles recién pavimentadas de recuerdos.

Hacía nueve meses que habías muerto, pero ahora, cada día que pasa tu recuerdo nos hace más amigos.

Bicentenario

A las once y diecinueve de la mañana del miércoles 11 de junio de 2031 Isabela despertó de un sueño extraño. Esa noche estrenaban una película con Sebastián en el Fórum de Barcelona y él la había invitado a la premier y a comer. Encontró tres videollamadas y un correo en holograma de su hermano JoseManuel quien hacía pasantías en la lejana Perth sobre ingeniería biomolecular aplicada en órganos humanos.

Ante esa extraña condición -él nunca le escribía- le devolvió enseguida una hololladamada. Enmudeció cuando JoseManuel le contó que había soñado con el abuelo Ramón, y que, en el sueño, él le había entregado un nuevo libro entre sonrisas. Ella también había soñado hacía unos instantes que habían publicado un libro póstumo del abuelo en su natal Cartagena. Esa noche, Sebastián le hizo un comentario parecido sobre un sueño y el asombro fue mayor cuando supo que Sophia, JoseGuillermo y MariaFernanda le contaron a Guillo -su papá- que habían tenido esos sueños recurrentes ese mismo día.

El miércoles 19 de marzo de 2036 fue el día que la Doctora Isabela M.G. la joven médica y genetista avanzada, escogió para probar su ilusión. JoseManuel había logrado terminar su maestría en Biología Artificial y se lanzaron juntos como náufragos sonámbulos al mar de ese sueño. Por su cuenta y riesgo tomaron unas cenizas que tenían ocultas de su abuelo y las mezclaron en un dispositivo experimental que usaba subrutinas de inteligencia artificial, y con ayuda de un programa de estadística del lenguaje aplicada, unas fotografías que encontraron en el ciberespacio, audios antiguos de la voz del abuelo y un programa de transcripción de pensamientos profundos digitalizados de toda su obra literaria. Lograron recrear al Poeta en el primer CiberalterEG versión 1.0 y lo lanzaron a la nube en su memoria.

Cien años después, el lunes 19 de marzo de 2136, el Poeta celebraba el segundo centenario de su nacimiento lanzando el libro 86 de su prolífica vida.

Nota al lector

Pura y espontánea brota la poesía de la pluma de Jose, en la primera parte de esta caja de sorpresas, titulada Senderos de sombra. Pura y espontánea, como la llovizna de un nuevo amanecer. Con facilidad y destreza eleva el verso a alturas insondables que dan vértigo y te cortan el aliento, desde donde luego se decanta limpio el poema, sólido, idóneo, conciso, como un pájaro al vuelo.

Tiene su métrica la precisión de un cronómetro de agujas místicas, que marca el tiempo en lapsos familiares. Un repaso emocional por cada miembro del núcleo familiar resulta un homenaje inobjetable al padre recientemente fallecido. A la madre en vida. Relata con claridad vicisitudes de un periodo borroso, así como otros tiempos imprecisos pero ciertos. El compás de sus figuras certeras asalta, como una acrobacia del circo en el trapecio. Te dejan absorto.

Al abordar la segunda parte, no alcanza uno a descifrar si Jose es mejor con las oraciones que con los versos. Una obra valiente y de doble filo, confeccionada por un solo sujeto y en muy poco tiempo. Un tejido de alfombra mágica, con pocos hilos ficticios y muchos otros reales. Pero conociendo a Jose, uno sabe que no hay misterio alguno aquí. Él es capaz de todo. Y ha logrado sintetizar el sentido del mensaje de la manera como quisiéramos lograrlo todos aquellos que nos dedicamos a escribir sin tanto acierto.

Diría que una premonición profética se ocultaba a sus espaldas. Es la razón por la que su exquisita sensibilidad maduró paciente en el silencio austero del derviche.

Estaba encapsulada, pero viva, en el pistón de la rutina cotidiana, pues la sombra del jinete es ancha. Hoy es un volcán en erupción, que acaba de explotar en llamas y fuegos genuinos. Supongo que se activó vigoroso con la fuga repentina de la figura paterna, a quien el último enemigo invisible de la humanidad nos arrebató sin previo aviso. Ese padre ardiente como lava luminosa, guerrero eterno, fue una sombra encapotada que se ha ido extendiendo insoslayable a lo largo de toda su existencia. Y se seguirá proyectando por siempre. De todos modos, ha llegado para Jose, a su tiempo, ese merecido haz de luz bendecido que hoy nos ilumina todo alrededor.

Pura es la naturaleza de mi primo JoseRamón. Pura y espontánea como su amplia sonrisa y su agradable sentido del humor. Su confirmada hiperactividad creativa y sus reconocidos esfuerzos académicos habían hecho de Jose un mito familiar, pero esta obra que el lector tiene entre sus manos, desde el misterioso sendero diseñado en la carátula hasta la sangre de la tinta en la tripa tipográfica, todo puesto por él, comprueban en la realidad el mito. Llevar a cabo absolutamente toda la tarea de creación, edición, preproducción, producción y lanzamiento de este libro en el tiempo récord que lo logró, nos demuestra una vez más la increíble ética de trabajo que posee este señor poeta y narrador. Porque es un señor poeta y un señor narrador, es decir, un señor escritor.

No podemos negar que sus palpitantes textos son una revelación alucinante que emociona a cualquiera hasta la médula, sobre todo a sus parientes cercanos, quienes en el subconsciente estábamos hace mucho tiempo esperando este trabajo, pues desde muy temprana edad ya advertíamos que Jose era un personaje incomparable, fuera de este mundo. Es el comandante de una imaginación fantástica y propietario de una voluntad heroica, con las que, a los cuatro años, por ejemplo, ganó un concurso de pintura abierta a todo público con un hermoso caballo sonriente sentado en una nube comiendo un roscón. Obra que aún se conserva. Partamos de ahí.

Felipe Mercado Rico

Bogotá 20 de agosto de 2021

ᑐᓗ

Marion Tuu'luq

In Memoriam

Marion Tuu'luq
died at her home in Baker Lake on 22 September 2002
as this catalogue was going to press.
We are grateful for the vision that she gave us.
Her spirit will live on in her art.

Marie Bouchard

WITH AN INTRODUCTION BY

Marie Routledge

AND AN AFTERWORD BY

Phoebe Anne Kudja'aq

Marion Tuu'luq

NATIONAL GALLERY OF CANADA, OTTAWA, 2002

Published in conjuction with the exhibition *Marion Tuu'luq*, organized by the National Gallery of Canada, and presented in Ottawa from 11 October 2002 to 12 January 2003.

Tour:
The Winnipeg Art Gallery, Winnipeg, 21 August - 12 October 2003
Art Gallery of Ontario, Toronto, 1 November 2003 - 11 January 2004
Macdonald Stewart Art Centre, Guelph, 20 May - 29 July 2004

This catalogue has been produced by the Publications Division of the National Gallery of Canada, Ottawa.
Chief, Publications Division: Serge Thériault
English Editor: Susan McMaster
French Editor: Denise Sirois
Production: John Barton

Cover: Marion Tuu'luq, *My Homeland*, 1973 (detail, cat. 4)
Frontispiece: *Marion Tuu'luq, 1990*. Photo: Paul von Baich, Inuit Art Centre, Indian and Northern Affairs

Designed and typeset by Associés libres inc., Montreal.
Printed by St. Joseph Print Group, Ottawa.

Printed in Canada.

National Library of Canada Cataloguing
in Publication Data

Bouchard, Marie, 1953- .
Marion Tuu'luq

Exhibition catalogue.
Issued also in French under same title.
Includes bibliographical references.
ISBN 0-88884-759-9

1. Tuu'luq, Marion, 1910-2002 - Exhibitions.
2. Wall hangings-Nunavut-Baker Lake-
Exhibitions. 3. Inuit women artists-Nunavut-
Exhibitions. 4. Inuit artists-Nunavut-
Exhibitions. I. Routledge, Marie. II. Kudja'aq,
Phoebe Anne. III. National Gallery of Canada.
IV. Title.

NK8898 T88 A4 2002 746.39719'58
C2002-986007-5

CONTENTS

DIRECTOR'S FOREWORD

THE NATIONAL GALLERY OF CANADA is pleased and proud to present the first, in-depth, solo exhibition of the works on cloth of Marion Tuu'luq. A resident of Baker Lake, Nunavut, Tuu'luq practised her art between 1969 and 1989, as a second, urban career, one might say, after almost sixty years of life on the Arctic tundra. As the 37 works selected for this exhibition demonstrate, her textile compositions engage us thoroughly with their vibrant colours and richly embroidered and appliquéd shapes juxtaposed to one another in startling combinations. Yet, more than formal play is stitched onto these surfaces. Tuu'luq's works on cloth address common, pertinent issues of the human condition today. In the Arctic as in every other area of the globe, constant upheaval and fast-paced change have decidedly marked the individual and collective sense of identity and place. As with the explorations of other major contemporary artists exhibited in the last year at the National Gallery, including the haunting imagery of Betty Goodwin, the grand obsessions of Rober Racine, the witty ceramics of Gathie Falk, and the consummate prints of Kenojuak Ashevak, Tuu'luq's personal iconography takes on an aesthetic and symbolic life of its own that can shape a journey of the imagination from the earthbound everyday to the limitless evocations of the mind.

The National Gallery acquired two fine works on cloth by Marion Tuu'luq in 1989 as part of the major gift of works of Inuit art transferred to us by the Department of Indian Affairs and Northern Development. This transfer, along with several private donations received in the 1980s, laid the groundwork for the Gallery's present collection of work by Inuit artists and our ongoing commitment to its representation and study. In the 1990s, this was furthered through the establishment of our dedicated Inuit art galleries in the new building, and such substantial exhibitions as *Pudlo: Thirty Years of Drawing*; the international group show *Land Spirit Power: First Nations at the National Gallery of Canada*; and *Carving an Identity: Inuit Sculpture from the Permanent Collection.* By taking different curatorial perspectives, it has been our aim to acknowledge and engage with both the individual contributions, and the issues — marginality and hybridity, for example — which have historically marked the formation and treatment of indigenous expression.

The exhibition *Marion Tuu'luq* takes this examination forward, into a new space of contemplation – intellectual and physical – for both artist and viewer. It is a journey made with the aid and insight of guest curator Marie Bouchard, who brings to the project her considerable knowledge of the artist and the milieu in which she worked. In her essay Bouchard shows us that while Tuu'luq's art is rooted in a legacy of Inuit skills and imagery, it is compellingly a product of the cross-cultural dynamics at play in the artist's response to her present-day existence. We are indebted to her for her sensitive and thought-provoking writing and her assistance in locating and selecting the works in the exhibition.

Collaborating with her in this endeavour has been the National Gallery's Associate Curator of Inuit art, Marie Routledge, who contributed an introductory essay to this catalogue and guided the shaping and realization of both publication and exhibition. Also to be credited is Tuu'luq's granddaughter, Phoebe Anne Kudja'aq, who added her insightful message to the catalogue on behalf of the artist's family. To each of the contributors, to the family of Tuu'luq and Itsarnittakarvik: the Inuit Heritage Centre of Baker Lake, who supported this project, and to our generous lenders, public and private, who have kindly agreed to part with their works for the duration of the exhibition and tour, I offer our warmest thanks. We are particularly pleased to be able to collaborate with three of the lenders to the exhibition – The Winnipeg Art Gallery, the Art Gallery of Ontario and the Macdonald Stewart Art Centre – each of whom will host the exhibition during its 2003–04 tour and join with us to bring Tuu'luq's works on cloth to a wider Canadian audience.

Lastly, and most importantly, I wish to express the great sense of appreciation all of us involved feel towards Marion Tuu'luq herself for her participation in this project. We are honoured by the trust she placed in us and hope this exhibition and catalogue are a fitting reflection of her life's work.

PIERRE THÉBERGE, O. C., C. Q.
DIRECTOR, NATIONAL GALLERY OF CANADA

ACKNOWLEDGMENTS

IT IS NOT USUAL IN INUIT CULTURE to single out one person over another for special recognition. Nonetheless, we would like to express our sincere appreciation for Marion Tuu'luq's participation in this project. We are cognizant that consent to this study and presentation of her works on cloth within the context of a solo exhibition was given with utmost humility.

We also wish to thank the people who facilitated the interpretation and translation of Tuu'luq's thoughts and words in our meetings with her. Phoebe Anne Kudja'aq acted as Marie Bouchard's liaison in Baker Lake. Rosie Anguhadluq Niviatsiak, Nellie Peryouar, and Hattie Mannik also provided careful phrasing and paid attention to linguistic nuances to help clarify Tuu'luq's intended meanings. Janet McGrath of Tamalik & Associates, and Lucy Evo, then of Itsarnittakarvik: Inuit Heritage Centre, meticulously edited the many resulting transcripts and further refined the interpretation of Tuu'luq's thoughts for the printed page. National Gallery volunteer Marina Jones donated many hours to the transcription of the English texts.

We are grateful to many individuals and public institutions across Canada and in the United States who generously provided information, hospitality, and access to the works by Tuu'luq in their collections. As well, Faye Settler of The Upstairs Gallery was an invaluable resource, as were Avrom Isaacs of the former Isaacs/Innuit Gallery, Patricia Feheley of Feheley Fine Arts, Judith Kardosh at the Marion Scott Gallery, and Derek Norton at Spirit Wrestler Gallery. Barry Pottle at the Inuit Art Centre of the Department of Indian Affairs and Northern Development, Kate Ashbury at the Northwest Territories Archives, and Dr. Charles Moore of the Inuit Art Enthusiasts in Edmonton especially helped with tracking obscure records and photographs. In Baker Lake, Elizabeth and Boris Kotelewetz and David Webster, former manager of Itsarnittakarvik: Inuit Heritage Centre, gave assistance and support.

During the course of Marie Bouchard's research, Jack Butler and Sheila Butler generously shared their experiences at Baker Lake and knowledge of contemporary critical art theory as it pertains to the art of the Inuit. Thanks go to them, as well to Jean Blodgett, for her seminal research and documentation of Tuu'luq's work. Dave Sutherland provided access to his highly organized records and slides, which yielded insights on a little-known period in Tuu'luq's artistic career. Harold Etegoyuk, former manager of the Miqsuvik Sewing Centre, was most helpful in every way. Michelle Lewin, Mike MacDonald, Christine Lalonde, and Rosemarie Tovell offered constructive suggestions on the essay texts.

An exhibition requires the input of many people and departments within the National Gallery. To all — from the communications department to technical services — thank you for your care, imagination, and professionalism. Particular mention must be made of Clive Cretney, photographer, Doris Couture-Rigert, conservator, Jean-François Castonguay, installation supervisor, Laurier Marion, preparator, Julie Hodgson and Diane Watier, exhibitions managers, Ellen Treciokas, designer, Jean-François Léger, educator, Marc-Antoine Morel, multimedia services, Colleen Evans, photo editor, Susan McMaster and Denise Sirois, editors, and Serge Thériault, Chief of Publications, for their contributions to the realization of this exhibition and catalogue.

MARIE BOUCHARD AND MARIE ROUTLEDGE

EXAMINING THE FABRIC OF ART AND LIFE

Marie Routledge, ASSOCIATE CURATOR, INUIT ART

THE VERB "PAINT" DERIVES FROM the Latin root *pingere*, meaning to paint, but also to embroider or tattoo. In more than one sense it is thus a fitting word to bring to a discussion of the works of Marion Tuu'luq. For some twenty years, this artist painted with woollen fabrics and cotton threads, stitching an art of many layers, both metaphoric and physical. Initially called *neevingatah* in Inuktitut, which became the rather prosaic "wall hanging" in English, Tuu'luq's appliquéd and embroidered pieces are more aptly described as "works on cloth", as proposed in this catalogue and exhibition. These works have been coloured by the palette of her experience of living in the Canadian Arctic before and during the social, economic, and political transformations that have marked the North for much of the past century — that is, for much of her life.

Lake Trout (detail), cat. 5

Tuu'luq (left) working on *Lake Trout* with Oonark at spring camp, 1971.
Photo: K. J. Butler

Tuu'luq was born in a remote corner of the Canadian Arctic in the early 1900s, lived a nomadic, camp life for five decades, and then settled in Baker Lake, where she began to create her unique artworks beginning in her late fifties. As this exhibition shows, her works on cloth speak eloquently about the artist's fervent attachment to her homeland, about the patterns and rhythms of Inuit life, and about the power and pleasure of creating new spaces of discourse and imagination.

My first encounter with Tuu'luq's appliquéd and embroidered works on cloth came in 1976 while working on the dismantling of *Crafts from Arctic Canada*, an exhibition organized and presented in 1974 by the Canadian Eskimo Arts Council. As an advisory body to the Department of Indian Affairs and Northern Development on matters relating to the promotion of Inuit arts and crafts, the Council had in 1971 to 1973 succeeded in bringing northern art to an international audience with its exhibition *Sculpture of the Inuit: Masterworks of the Canadian Arctic*.

On a smaller scale, *Crafts from Arctic Canada*, presented in Toronto and Ottawa, sought to call attention to a range of projects and objects, from the making of models of traditional tools and hair ornaments to modern clothing design. Also featured were the new "wall hangings" that were being created by the women of Baker Lake, including Marion Tuu'luq. Her *Lake Trout*, which is now part of this National Gallery exhibition (cat. 5), was for me a highlight of the show. Dense, vibrant, and skilfully constructed, *Lake Trout* was truly memorable for its ambitious scale, visual complexity, and technical control. This piece, along with her remarkable beaded *atigi*, or woman's inner parka, served to introduce Tuu'luq's growing talent in what was then an emerging hybrid medium that gave a changed use for and meaning to the traditional sewing skills of Inuit women. The

works offered a new imaginative space within a hierarchy of Inuit art otherwise primarily defined by sculpture and printmaking.

The placing of these works on cloth within a context of utilitarian and decorative objects in *Crafts from Arctic Canada* undoubtedly played a role in delaying the examination of them as art works. Some of this effect was fortunately mitigated soon after when the Winnipeg Art Gallery mounted its 1976 exhibition *Tuu'luq/Anguhadluq*, which featured twenty or so of the artist's works on cloth, plus drawings, in concert with graphics by her husband, Luke Anguhadluq. Tuu'luq's mastery of fabric and thread shone. Her compositions, inventive and sometimes surprising for their degree of abstraction (see *Hearts*, cat. 8, and *Untitled*, cat. 11), showed her forging a distinctive, original sensibility.

Two of Tuu'luq's works on cloth from this first decade of her production, *Untitled*, c. 1976 (cat. 15) and *People, Shamans, and Spirits*, 1978 (cat. 20), became the starting point for the National Gallery's relationship with the artist. They were acquired in 1989 as part of a major gift from the Department of Indian Affairs and Northern Development. The historic transfer, from government department to art museum, introduced many important pieces by northern artists into a national forum of representation. For Tuu'luq's works on cloth, created in what might be deemed a borderland between art and craft, this reframing presented an opportunity to focus on their meaning as aesthetic expression.

Stylistically, the two works by Tuu'luq acquired in this transfer are quite different. *Untitled*, with its carefully executed rows of scalloped borders and richly embroidered surface, shows the modern adaptations made by the artist from earlier antecedents, such as the patterning of the traditional Inuit caribou skin clothing designs that the artist knew so well and the beadwork that she had seen and admired in Baker Lake on Inuit women's clothing from other regions of the Central Arctic. Less embellished, *People, Shamans, and Spirits* presents the primary figures and in-fill background shapes as a wonderful play of colour and form that highlights the artist's strong interest in abstraction. This combination of traditional and modern elements continues to appear, with varying emphases, in all Tuu'luq's future works on cloth.

Individual works on cloth by Tuu'luq continued to be part of various exhibitions over the next twenty years, but it was not until 1994, with the presentation of *Northern Lights: Inuit Textile Art from Arctic Canada,* organized by the Baltimore Art Museum, that the breadth of her vision truly came into focus for me. Five works, including the National Gallery's own *Untitled* (cat. 15), appeared together in a powerful presentation that emphasized how the dense duffle and stroud cloths, the thin felt appliqués, and the shimmery cotton threads became, in the artist's skilful hands, more than simple sewing elements used to decorate figure and ground. In this group of pieces, centred around the magnificent and, to Tuu'luq, pivotal *One Man's Dream* (cat. 33), a unique, personal vision emerged of Inuit life in the rapidly changing twentieth century. Rendered as much through the shifting narratives as through the lively surface forms were humour, vitality, grief, wisdom — and above all, a compassionate interest in humanity. Here, as richly imbued with the texture of her life as with the qualities of the materials, was a telling view into the evolving relationships between Inuit and southern values and economies over more than eight decades. Here, in fact, were all the elements of the art we might otherwise describe as painting.

Carmen Johansen, seamstress (left), and Marie Routledge examining *Lake Trout* in the conservation lab of the National Gallery, September 2002.
Photo: Terrence Brennan

Thus, when independent curator Marie Bouchard proposed that the National Gallery organize an exhibition and in-depth study of the embroidered and appliquéd works on cloth of Marion Tuu'luq, my interest was assured. In spite of these tantalizing sightings of her art over the past thirty years, Tuu'luq's vision and its meaning within the artist's oeuvre and life had not yet been well understood. An opportunity to bring together a significant body of work, to examine and reveal her contribution to the visual arts in Canada, would be timely and important.

For this project, the National Gallery is delighted to be able to present 37 of the more than 100 works on cloth Tuu'luq produced from the late 1960s to 1989 — the year in which health problems brought her active work in this medium to an end. Found in public and private collections across Canada and the United States, literally from one coast to the other, they reside today far from the summer fishing camps or the wooden pre-fab settlement house in which they were created. Like their hybrid history, these appliquéd and embroidered compositions lead us compellingly into the space of the artist's lived experience.

To make this journey, curator Marie Bouchard offers insights into the acts of interpretation and translation that inevitably must take place — across cultures, between languages, and among the multiple discourses of artist, artwork, and audience. If, to this point in time, most scholars of Inuit art have sought to examine it within the broad spectrum of social and historical variables in which the work has been created, Bouchard invites us to lengthen that view. She proposes that we step back from the immediate scenario of the Canadian Arctic in order to consider Tuu'luq's work through

the lenses of other national, and indeed global, discourses. In feminist theory and the practices of contemporary Canadian artists like Betty Goodwin and Joyce Wieland, Bouchard finds cause to rethink the meaning of materials and challenge the art-versus-craft hierarchies that have for too long played a role in limiting appreciation of Tuu'luq's works on cloth.

Drawing on both her linkages with First Nations perspectives and her direct knowledge of Baker Lake and its artistic milieu, Bouchard brings clarity and solidarity to Tuu'luq's own aboriginal vision, a vision which integrates the old and new with the artist's life experience and the circular, cyclical rhythms of thought implied by her images. The hybrid nature of this art, made from imported materials but infused with imagery drawn from memories of her life on the land, is acknowledged and validated.

On a global scale, Bouchard opens the door to an appreciation of Tuu'luq's oeuvre within the framework of current art historical discourse. Through the introduction of concepts developed by the cultural theorist Homi K. Bhabha on marginality, otherness, and human dislocation, she shows us how Tuu'luq joins artists from many nations and cultures in making her art an active, vital embodiment of an aesthetic "third space" where "the past-present becomes part of the necessity, not the nostalgia, of living".[1]

In this exhibition project, the National Gallery invites the viewer to share in the experience of Tuu'luq's works on cloth as the manifestation of a vibrant, affirming territory of encounter – a creatively imagined third space of memory, reality, and spirit.

1. Homi K. Bhabha, *The Location of Culture* (London and New York: Routledge, 1994), p. 7.

NEGOTIATING A THIRD SPACE

The Works on Cloth of Marion Tuu'luq

Marie Bouchard, GUEST CURATOR

AT NINETY-ONE YEARS OF AGE,

Marion Tuu'luq has no time for pretence. It is January 2001,[1] and while she is aware of the lengthy trip I have made to her remote Arctic community to meet with her, clearly she is impatient to see my photographs. These document her richly coloured, appliquéd and embroidered works on cloth, the *neevingatah* or "wall hangings" that are her primary and strongest mode of visual expression.[a] Close to one hundred of her works have been uncovered in preparation for this exhibition at the National Gallery of Canada, her first solo showing in her twenty-year career. As an artist, Tuu'luq never aspired to be included in the museum or gallery forum – a convention completely outside Inuit culture – so she is modest about this belated recognition from the country's premier art institution: "I am very proud that people like my work. I never considered myself to be the best at making wall hangings in Baker Lake. The wall hangings are nice – I think I did a good job of them. I am happy to hear words about myself."

[a] Marion Tuu'luq is also known as a graphic artist. She contributed drawings to thirteen editions of the annual Baker Lake print collection between 1974 and 1990. The Inuktitut term *neevingatah* literally translates as "something to hang on the wall", and was adopted by art advisors of the time as a means to translate the concept of art on fabric for display in public and private spaces. It has long been acknowledged, however, that this term does not adequately describe either the artistic process involved in producing large-scale cloth pictures or their legitimacy as an art form. Various terms have been used instead: fabric collage, textile art, fabric art. For this essay, the contemporary term "appliquéd and embroidered work on cloth" has been selected as the most appropriate to describe both the process and the finished work.

Rites of Spring (detail), cat. 37

For the National Gallery, the exhibition is timely given the growing challenges to ethnocentric assumptions of universality in contemporary art and subsequent attempts by art institutions to re-contextualize the artistic expression of disenfranchised minorities.[a] Inuktitut, the language of Inuit, does not have the necessary vocabulary to describe this post-colonial process, causing Inuit to be largely left out of the contemporary art discourse on an issue that affects them directly. This exhibition of Tuu'luq's art, therefore, affords a unique opportunity to expose her work to the public and to focus on the visual articulation of cultural difference, that "otherness" that makes the art of Inuit at once an object of both desire and derision.

In her characteristic raspy voice, sometimes not much above a whisper, Tuu'luq scolds me for not being able to speak to her in Inuktitut – there is a lot she wishes she could say directly rather than filtering her thoughts through an interpreter. Donning a pair of thick eyeglasses, then switching to another equally thick pair, she strains to see the images she produced over a twenty-year period from 1969 to 1989, when a skin allergy to wool fabric crippled her ability to continue working in this medium.[b] It is her first opportunity to revisit these works made so long ago and she is moved to tears.[c] Fixing her hawkish gaze on me, she asks in frustration: "Why didn't you come while I could still see?" I am accustomed to these gruff admonishments, although they relegate me, inevitably, to the role of incompetent child.

I FIRST MET TUU'LUQ IN 1986

when I moved to Baker Lake, Northwest Territories (now Nunavut), where I operated a small arts-and-crafts enterprise and acted as an independent art advisor for the next ten years. The then spry septuagenarian was already an accomplished artist, having mastered the introduced art form of creating pictures on cloth, absorbing art concepts brought in from the south and beyond while successfully incorporating into them her own technical skills, traditional knowledge, and sense of aesthetics. As had art advisors before me, I offered her duffle cloth, felt, and embroidery floss.[d] She, in turn, manipulated these simple materials into highly personal visual statements based on her experiences as a twentieth-century Inuk[2], a woman, wife, mother, and artist living in the Canadian Arctic. Her art responds to the totality of her lived reality as well as to the collective cultural experience of contemporary Inuit – experiences characterized by geographical displacement, personal uncertainty, and cultural difference. These were the unfortunate by-products of the social and cultural upheaval of Inuit's life in the mid-1950s as a result of the growing incursions of the dominant culture – Victorian and Eurocentric in its mentality – into their midst, intent, as one Inuk put it, "on squeezing the Inuit out of us".[3]

The cultural encounter was not effected through violence or force, but rather through discriminatory practices that left a minority of non-Inuit newcomers, intentionally or not, in sole positions of authority. Working thus from a marginal, disempowered position, and in a new creative milieu that fostered Western-European notions of art, Tuu'luq had to establish for herself the purpose of making art objects within an acculturative environment that set this as her task. Executed in a meticulous fashion, her works on cloth combine subject matter and techniques

[a] Diana Nemiroff, former Curator of Contemporary Art at the Gallery, opened the door to critical dialogue on the art of Native peoples with the landmark exhibition *Land Spirit Power: First Nations at the National Gallery of Canada*, co-curated with Robert Houle and Charlotte Townsend-Gault in 1992. This first international exhibition of contemporary First Nations art at the National Gallery was in part a response to postmodern art discourse, which challenged the ethnocentric assumptions of universality in contemporary art criticism. As Nemiroff noted in her essay for the exhibition catalogue (p. 19), it was also an effort to expand the boundaries of art history and the Eurocentric paradigms that had limited the Gallery's representation of the country's cultural heritage.

[b] Shortly after, in October 1990, Tuu'luq also suffered a stroke and was left with a partial paralysis of her right arm and leg.

[c] The context of production in northern communities is such that artists' works are sent to markets outside the North as soon as they are received. The artists rarely have an opportunity to learn the final destination for their works or to see them again. Unlike most artists, Inuit artists do not keep portfolios of their work.

[d] Women in Baker Lake began making cloth pictures, later called wall hangings, as early as 1961 from leftover scraps of material from an unsuccessful sewing factory project. Tuu'luq did not start work in this medium until about 1966 and turned her full attention to it in the 1970s under the tutelage of various government-appointed art advisors sent to Baker Lake by the federal government to establish an arts-and-crafts industry to create employment.

drawn directly from her Inuit heritage and from memories of life on the land, enriched with a liberal exercise of her own prodigious imagination as she has struggled to adapt to the cramped confines of a noisy, chaotic settlement.

Within traditional Inuit experience, aesthetic concerns are seamlessly integrated into the social order, and Tuu'luq is philosophical about the images she depicts: "They are just my humble thoughts . . . they are thoughts I ponder upon."[4] Her art can be seen as a personal search for meaning and order focussed through the interpretive lens of her own lived reality. As perceived within the broader parameters of a cross-cultural socio-political environment, her works on cloth become a space where others may reflect on the human condition and their own place in the grand scheme of things.

THIS EXHIBITION IS NOT A RETROSPECTIVE of Tuu'luq's artistic oeuvre, but rather a representative selection of those works by the artist that touch on issues of history, memory, displacement, and loss – pertinent concerns in the twentieth- and twenty-first-century life of a large segment of the world population. The selected hangings are consummate examples of Tuu'luq's singular artistic vision, one that celebrates the eternal recurrence of life and the conviction that what Inuit dread most – extinction – will not occur. We see this in the mythological landscapes she creates, brimming with Inuit, animals, vegetation, and spirits. It is a landscape of memory, memorialized in a contemporary aesthetic visual statement that reaffirms the essence of her "Inuitness" with impunity.

Tuu'luq's artistic vision exists in what cultural theorist Homi K. Bhabha terms the "third space". Drawing from his own hybrid background that combines the cultures of India, Europe, and North America, Bhabha writes that creative invention can be used to forge a contingent, in-between space, a space in the "beyond" where the past is not merely recalled, but acts to refigure and renew the present. It is a revisionist space where "the past-present becomes part of the necessity, not the nostalgia, of living", bridging the gap between one's concept of home and the world of history that shapes and defines it.[5] Artist Gerald McMaster dubs this space a "home away from home . . . an ambiguous liminal zone". He goes on to quote the Black feminist writer bell hooks, who describes such a zone within a culture of domination as "a radical creative space which affirms and sustains our subjectivity, which gives us a new location from which to articulate our sense of the world".[6]

In this context, Tuu'luq's vibrantly colourful works on cloth can be seen as an essential and forceful expression of a "self" articulated in the tangible third space of her medium – where the artist redefines her self-identity and ultimately creates a new cultural reality that reaffirms the hegemony of the land. The theme of the land as powerfully coherent and transcendent in meaning is central to Tuu'luq's work. It is the symbolic glue that has held Inuit life together over the centuries and that forms the core of her understanding of self. Since time immemorial, the perceptions of many people have swept over the tundra like the north wind, spreading bits of knowledge that were turned into stories and then handed down from generation to generation. It is in the language and oral traditions of Inuit that the land comes alive, that it becomes *nunavut*, the homeland.[a]

[a] Mark Kalluak, former Language Co-ordinator of the Inuit Cultural Institute, has described how, by the early 1960s, Inuit were aware that their culture and identity were disappearing. Young Inuit men such as Kalluak and Tagak Curley, who would go on to become prominent figures in the political drive toward the establishment of Nunavut, set about to establish an "Eskimo Brotherhood". The Inuit Tapirisat of Canada and the Inuit Cultural Institute were two such organizations formed in the 1960s and 1970s to preserve the language and oral traditions of Inuit to help restore pride and hope for the future. From Mark Kalluak, "The Inuit Cultural Institute," *Inuktitut* (summer 1986), pp. 69–71.

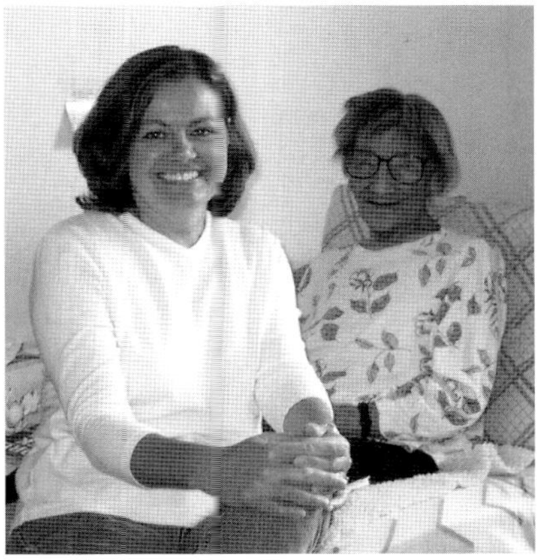

1
Tuu'luq, looking at photos of her work, and with Marie Bouchard, July 2000.
Photos: K. J. Butler

2
Baker Lake, spring 1997.
Photo: Marie Bouchard

Throughout her time as an artist, Tuu'luq was preoccupied with visually manifesting this manufactured cultural perception of the land and how it translated into a notion of home. Her efforts coincided with the post-1970s focus on land claims for First Nations and Inuit, and the political drive by a particular group of Inuit to establish a separate, distinct Inuit territory, now known as Nunavut.[a]

The works in this exhibition read as a continuum — there is no beginning or end, but rather a consistent exploration of the artist's world, abstracted into harmonious compositions based on formal relationships of line, shape, and colour. At the centre of her creative process is the constant reminder of the interconnectedness of things. It is perhaps this element, interlocked with and inseparable from the formal elements in Tuu'luq's images, that tugs at our emotions, that draws us into her pictorial space by eliciting intense feelings of commonality, of an innate, collective communion with nature that reaches across and beyond the cultural divide.

TUU'LUQ WAS BORN TO HER INUIT SKIN, a "skin" that identifies her as belonging to a small group of Inuit, the *Utkusiksalingmiut* (people of the soapstone pots), who lived until the mid-nineteen hundreds along the shores of the Back River, in the interior region of the Barren Lands to the northwest of Hudson Bay.[b] This group was originally descendant from the coastal *Netsilingmiut*, who were, a thousand years before, the Thule people. Tuu'luq wears her long lineage of native ancestry like a familiar cloak around her diminutive, frail frame. For our interview, she is propped up in a hospital bed specially installed at the home of her caregivers — her adopted daughter Eva and Eva's husband Paul. The television plays loudly in the other room; there is Kentucky fried chicken for lunch — her favourite. Her granddaughter Phoebe Anne acts as interpreter until Phoebe's mother, Rosie, who is more familiar with Tuu'luq's idiolect, comes to replace her.[c]

Eva's and Paul's seven children, plus various other grandchildren and relatives move freely in and out of Tuu'luq's bedroom, sometimes to listen, other times to make a comment on the slides I flash on the wall or to share news about themselves. This interview and the impending exhibition are very much a family matter, a matter of blood that infuses and shapes my curatorial process in a lively way. The homemaker arrives, as does the community nurse. Like the scene of the multiple, tightly packed rows of faces in *Thirty Faces* (cat. 9), Tuu'luq's world is now a place far removed from the isolation of the semi-nomadic migratory life in tents and iglus that was her experience well into adulthood.

Assimilationist policies are no longer *de rigueur* in the post-colonial landscape of Nunavut, but the clock cannot be turned back, nor can the influence of imported approaches and values be easily stemmed. The cultural pendulum has swung for the moment in favour of *Nunavummiut* (the people of Nunavut), but the historical events of the twentieth century that saw Canada's Inuit faced with starvation, disease, geographical displacement, and the real threat of annihilation still reverberate.[7] This is the socio-political climate within which Tuu'luq's art needs to be presented and understood.

HOW DOES A PEOPLE COME TO TERMS with such rapid change in the mindscapes and landscapes in which it finds itself? For Tuu'luq, the central question revolves around identity. Her art explores the issues of self-identity and collective cultural identity and how these could be negotiated between two cultures whose boundaries of understanding are in constant flux and open to outside influences. Tuu'luq's most poignant work in this regard is one of the last she produced. *Untitled* (cat. 35) features a column of faces flanked by mirror images of birds, animals, and spirit figures. The encircled faces, explains the artist, are "drums with shadows"; they are also "like faces reflected in mirrors".[8] While some elements of Arctic life have remained constant and predictable, much has changed. Viewing this work gives one pause — whose reflection gazes back from the mirror glass? Are today's Inuit but a shadow of their former selves?

Bridging two cultures was part of Tuu'luq's everyday experience as an artist. Her relationship with me in the 1980s and 1990s was no exception, especially once I became pregnant, still a significant and legitimizing event for women in Inuit culture. With my own mother a thousand miles away, Tuu'luq assumed this maternal role and also became a surrogate grandmother for my only son. In keeping with tradition, she bestowed on him an Inuit name at birth — Kalluk — after her brother-in-law. In *Tuu'luq and Her Family* (cat. 34), Tuu'luq identified three of the faces depicted as being those of my husband, my son, and myself, thus formally welcoming us into her fold, connecting us to her world.

In a culture that remains based on a complicated, interlocking kinship matrix, this familial tie to Tuu'luq was significant. It allowed me to come and go freely in her home and to participate in the chaos of family and community as part of a larger whole. During these encounters, I was privy to intimate accounts of her personal life, and through interpreters, garnered snippets of traditional wisdom on marriage and child rearing. I found Tuu'luq to be a tough-minded and spirited woman who was quick to laugh — a soft, throaty laugh that resonated to the depths of her body. On some intuitive

[a] Nunavut was formally established as a new Canadian territory on 1 April 1999.

[b] Tuu'luq retains an *a priori* knowledge of her ethnicity that is absolute and experiential. Her Inuitness is not something that she can explain or would think to explain — it is simply who she is. In the process of ethnic construction, skin becomes an identifying factor, and the term "Inuit skin" is used here to provide an equivalent for Tuu'luq's all-encompassing not on of self. See a similar usage in, for example, Yen Le Espiritu, "Excerpts from the Symposium Sessions: 'Filipinos?'," *Memories of Overdevelopment: Philippine Diaspora in Contemporary Art,* ed. by Wayne Baerwaldt (Winnipeg: Plug In Editions, 1997), pp. 75–80.

[c] The Inuktitut language comprises many regional dialects. Once Inuit moved into settlements, the language underwent a metamorphosis, merging aspects of the various dialects and incorporating new vocabulary to define present-day circumstances. Tuu'luq, however, continues to speak an outmoded version of the Back River dialect. For a detailed analysis, see Louis-Jacques Dorais, *Inuit Uqausiqatigiit: Inuit Languages and Dialects* (Iqaluit: Arctic College, Nunatta Campus, 1990), pp. 83–100.

level she seemed to respond to my Métis heritage and our collective aboriginal experience, stating that she "was not afraid of me",[9] even though, as her main link to the market for her work, I unwittingly held considerable power over her economic situation.

Her immutable connectedness to the land is what held my attention the most – a land characterized by vast expanses of weathered rock and rich, fertile tundra; by bright light and sombre darkness, where animals break the haunting stillness of time and bears fly among the stars. Exquisitely translated onto the surface of her works on cloth, these visual narratives fascinated me, and I carried them in my head for several years with the intent of some day mounting them as an exhibition.

THE EARLIEST WORK ON CLOTH

by the artist found for this exhibition relates to her interpretation of the land south of the sixtieth parallel. A trip to Winnipeg in 1967 for lung surgery was the impetus behind *Manitoba* (cat. 3). Viewed from the narrow confines of the airplane's window, with its false sense of compressed space, Tuu'luq visually interpreted the Manitoba landscape as disparate elements. The polar bears of Churchill, the *Qablunaat* (the non-Inuit, literally people with "bushy eyebrows") who live below the treeline, and the rectilinear ground patterns of the cultivated farmland that provides them with sustenance appear in this work as disjunctive entities. In spite of the elaborate embroidery and soft colour palette, the portrayal of humans, animals, and the land offers an unsettling view of the gap between the environment and humanity in our culture. Alternating light and dark vegetation embroidered around the bright white faces seems to create further barriers and a sense of interpersonal isolation in urban society.

In contrast, *My Homeland* (cat. 4) is a succinct, confident statement about the land and the place of Inuit in it. A mélange of human figures, animals, and humans transforming into animals are packed closely together in the upper half of the space. Each figure is heavily embroidered with fine linear stitching that visually enhances the sense of fluid movement within and between the compositional elements. Note, for example, the two male figures on the left holding the outstretched wings of an owl perched on a male figure's head; his arms in turn flow into those of his two seated companions. The only interruption in this rhythm is a change in the colour of embroidery floss. The seated figure on the left rests on a block that connects to multiple horizontal rows of varied embroidery in scalloped, diagonal, and zigzag patterns that Tuu'luq identified as a stylistic representation of the land and water. Like the endless tundra, the rows reach to the very ends of the space, transcending time and distance. Over a span of twenty years, Tuu'luq's art has expressed a passionate cultural tenacity and a strong sense of individuality rooted equally in an archaic affinity with the land and in the strength of her own being.

ACCORDING TO THE OFFICIAL CENSUS LIST

of the Royal Canadian Mounted Police (RCMP), Tuu'luq was born around 1910. For the next five decades, she led a traditional semi-nomadic life. In 1961, she and her second husband, the late Luke Anguhadluq, and their blended family left the Back River area and

3
Tuu'luq and Anguhadluq's camp at Qiqorktauyaq, c. 1970
Photo: K. J. Butler

moved permanently to the nearby settlement of Baker Lake. Like many others in the region, they relocated to escape the threat of starvation caused by a chronic shortage of caribou.

There is no simple explanation for the animals' failure to appear and its deadly results, nor was it a new occurrence. Tuu'luq recounts periods from her childhood when elders, weakened and debilitated from lack of food, were left to die; when old blood spilled from killing an animal was sucked from the snow for nourishment. During times of true desperation, families were forced to eat their sled dogs or starve to death.[10] So it was again in the 1950s.

Once safely ensconced in the settlement, Tuu'luq was grateful that she no longer needed to worry about food shortages or the safety of her family. In a 1976 interview, she credited the move to Baker Lake with saving their lives, but admitted that she missed the open vistas of her native birthplace, its seasonal rhythms and smells, and the women's tasks that busied her hands and gave her purpose. For a while, she and Anguhadluq would take short trips to nearby hunting and fishing spots (fig. 3).[11] After his death in 1982, she ventured out with her grown children and their families. It is many years now since she was able to go "out on the land", to fish and camp alongside its many rivers. Today, the land as she knew it exists for her largely in her mind.

Because her husband was a skilled hunter, Tuu'luq and her family were able to delay the inevitable. For most, however, the end of their traditional lifestyle was abrupt. Weakened by hardship and privation, Inuit were plucked from their camps and evacuated to the various settlements. Those who were ill were sent to hospitals in southern Canada. The impact on families left without a father to provide or a mother to care for the children, or families where sons and daughters were torn from their parents' arms, was as dramatic as it was tragic. The social and cultural upheaval that followed, however, was more gradual and insidious.

DISPATCHED TO THE SETTLEMENT OF BAKER LAKE to introduce carving, printmaking, and craft production to provide needed income for displaced Inuit, art advisors observed this transitional phase first hand. William Larmour, a craft officer with the Department of Northern Affairs in 1961, reflected on his experiences at Baker Lake in a catalogue essay written three years later: "With some of the Eskimos the reaction [to carving] was immediate. With others it took longer, much longer, to drag themselves out of the morass of indifference created by the starvation years, breaking up of families, removal from the familiar places of childhood — experiences the marks of which are to be seen on the faces of not a few of the men and women portrayed in the carvings."[12]

Inuit, living on the periphery of the settlement in tents and iglus, became marginal inhabitants of a society now dominated by outsiders. Under this colonial system, traditional beliefs and values were not tolerated and were driven underground as missionaries competed for converts among the growing population. A once proud and self-sufficient people were now often categorized as lazy and unable to look after themselves. Instead of practical assistance, they were given family allowance and relief and became wards of the state. Inuktitut, the language which forms the basis for Inuit's rich, oral tradition and highly refined spatial sensibilities, was no longer the first language in businesses and schools. Soon children could no longer communicate with parents and grandparents.[13]

Tuu'luq was bothered by these changes.[14] Unable to reverse the trend, she was ill-equipped to come to the aid of her children as dissension grew within her family. Rosie Niviaksiak, Tuu'luq's daughter, recalled her stepfather, Anguhadluq, becoming angry with her and her brothers because they were learning English. "He'd say, 'You're useless. Good for nothing.' It was very hard, especially for my mother because he'd be mad at her."[15] The push toward assimilation was relentless and strong. Artist William Noah, son of the late Jessie Oonark, gives a moving account of his experience at age thirteen:

> I did not like [Baker Lake] at first because the young men and even the grown men would gang up on me. Secondly, there was no place to go eat country food, nobody to hunt or fish for us. Almost every day we were half-starving, but when we learned to work we were able to survive. We went to school with empty stomachs, went to church with no food in our stomachs because no one was permitted to stay home unless they were really sick.
>
> Every single one of the people went to church when it was time to go. The Minister, Reverend Canon James, would go after you if you missed one service, and you'd better have some good explanations for him . . . The Bay manager was also strict . . . I don't know too much about the R[oman] C[atholic] Mission priests. They were very kind, that's all. The teachers were very strict too. We had to run to school, not be a minute late. No chewing gum in school. Speak English only. Even if we couldn't speak English, we had to try hard![16]

By the time I arrived in Baker Lake in 1986, the generalized effect upon the individual and collective psyche of this staggering political and cultural change was evident in the higher than average number of suicides among young Inuit, the alarming incidence of alcohol and drug abuse, the senseless domestic violence, and much more.

SHEILA BUTLER AND JACK BUTLER, advisors to the artists of Baker Lake from 1969 to 1973, witnessed the transition as residents. Originally from the gritty industrial city of Pittsburgh, Pennsylvania, the Butlers were familiar with racial conflict and the oppression of Black Americans in the United States. As artists, they understood and practised political activism in the arts, and in the early artistic efforts at Baker Lake they recognized the role art could play as an agent of social change.[17] Consequently, they encouraged the artists to establish a visual relationship between their artistic expression and the rapidly changing society around them, to tackle, among other things, subjects such as shamanism and ancient myths, beliefs, and practices forbidden by the church ministers and now almost lost from memory. The results were remarkable. Besides spawning a revival of traditional knowledge, the art from Baker Lake in the early 1970s assumed a striking contemporary edge in its subsequent reconstruction of a politicized cultural identity.

Tuu'luq participated eagerly in this process, reassembling the extant fragments of her past as filtered through the lens of contemporary life. Working on cloth lent itself well to this type of introspection. The rhythmic stitching required was meditative, contemplative, and satisfying to the mind, much like her experience sewing during the long days of winter inside the iglu. The direct physicality of Inuit life on the land had provided her with an acute appreciation for spatial relationships and the organic, tactile qualities of surfaces and materials. As well, years of designing and producing caribou-skin clothing had given her a refined sense of line, proportion, volume, and space. She is quick to point out, however, that the traditional clothes she made were only sparsely decorated with inset fur pieces. Once in the community, the availability of a wide range of materials and colours encouraged further exploration of the formal elements of her medium. Her artist's hand is felt throughout her works in sensual and visually rich surfaces that reveal the essential features of the cloth itself. Constructed from her personal experiences, from the inside out, so to speak, these pieces are very much about life and particularly about her life as a woman. Looking back in June 1990, her most productive years now behind her, she told me: "I was asked, if I was to make something else, what would I sew? I said that I would not make anything other than what I have. There is much embroidery thread and people keep asking me to sew but my hands have not been able to speak to the materials in response, to say they simply will not sew ever again. My hands have terrible skin problems now, but I think I will never lose that urge to sew."[18]

Approximately fifty women at Baker Lake experimented with creating appliquéd designs on cloth in the early 1970s. Tuu'luq was one of six artists who excelled at this effort along with her contemporaries: her cousin the late Jessie Oonark, Elizabeth Angrnaqquaq, Winnie Tatya, Naomi Ityi, and Irene Avaalaaqiaq. Working in

this medium provided an important venue for women to use their traditional skills, develop new skills, and portray a heritage that was slipping away. It also became a viable means to survive in the wage economy of settlement life. Tuu'luq admits to being enticed into making art objects by the possibility of earning "a little extra money".[19] Under the Butlers' nurturing gaze, the women worked on an increasingly larger scale, using form, colour, and texture to tangibly forge their personal expression and link it to a collective effort of cultural survival within a uniquely Inuit aesthetic statement.

TUU'LUQ DOES NOT CONSIDER HERSELF AN ARTIST in the southern sense, but she does remember the moment when her creativity set her apart from her peers. "I was one of the first people to make wall hangings. I had made a bird and embroidered it with a stitch that made it look like feathers, and then everyone was asked to make them like that. My sewing, my humble sewing, was chosen to be the example to follow . . . It was all on my own. There was nobody showing me how to do anything."[20]

Her sewing skills were first noticed by other women in her camp when, newly married, she attempted to make an *atigi*, the inner layer of a caribou-skin parka: "When I finished the atigi and started wearing it some women would say, 'this doesn't look as if it is the first atigi you ever made, it is really good – nothing wrong with it.' I used to be told to stitch the stitches close together, so I tried to sew the stitches really close."[21] This technical skill, crucial to creating windproof caribou-skin clothing, stood her in good stead once she and her family relocated to the settlement of Baker Lake in the early 1960s. The local RCMP officers asked Tuu'luq to sew caribou-skin clothing for them, but her husband's jealousy and the couple's frequent hunting trips on the land discouraged her from pursuing this activity beyond her family's needs.[22]

In 1966 and 1967, she participated in a sewing project managed by Elizabeth Whitton, the wife of the Anglican Minister. Under Whitton's tutelage, Tuu'luq and other Inuit women learned to use wool duffle to sew mitts and knee-high socks, traditionally made of caribou skin. They were also taught embroidery to enhance the appeal of these clothing items for sale to southern markets.[23] It is here that Tuu'luq first experimented with using leftover scraps of material to make cloth pictures to hang on the walls of purchasers in the south: "I created what I thought people would like."

Determining what it was that people living elsewhere liked was not an easy matter and often meant the difference between eating well or going hungry. Inuit involved in the fledgling arts-and-crafts program at Baker Lake relied on the federally appointed officer for feedback on their work. Some officers considered the cloth pictures to be craft, others viewed the more accomplished work produced as fine art, and yet others, as fine handicrafts.[24] The RCMP, missionaries, teachers, and traders, as well as other non-Inuit people in centres of power in the settlement also gave their opinions as to what was and was not aesthetically desirable. Given that few Inuit spoke English and even fewer newcomers spoke Inuktitut, the message was most effectively communicated through the amount of money exchanged between parties.[25]

4
Sewing class at Baker Lake, c. 1965
Photo: Public Archives, R.G. 85, vol. 497, file 630-159-1

THIS KIND OF CULTURAL EXCHANGE, where one culture assimilates elements of another culture, is defined as acculturation. Tuu'luq adopted materials brought in from outside her traditional environment, and used them to formalize an aesthetic language uniquely her own: "I have never been told what to make . . . I have never been told 'Do it like this.' These images all come from my own mind and I made them." Rosie recalled how her mother would carefully examine each finished work on cloth before handing it to whoever was going to take it: "She would like some [pieces], but not others." She strove to make each one unique: "When they're always the same, they're boring to her."[26] According to Tuu'luq now, her most successful works are the non-representational ones.

Having always made clothing with very simple designs, she was quite taken with the elaborate caribou-skin clothing worn by Inuit who had moved to the settlement from other areas. "I had never seen anything like this when we lived on the land." She particularly admired the beaded atigiit[27] worn by Inuit women from the Aberdeen area to the southwest of Baker Lake: "You can't take your eyes off them." The geometric designs of tight rows of small white, black, and red threaded beads on the front and sleeves were the most attractive to her.[a] Tuu'luq also admired the dense and brightly coloured flower prints on the calico cloth imported by the local Hudson's Bay store. The wives of government officials and missionaries and the female schoolteachers in the community enthusiastically taught Inuit women and young girls how to use this cotton fabric to sew southern-style dresses, blouses, and aprons (fig. 4).

[a] Whalers first introduced seedbeads into the Canadian Arctic in the early 1800s as a trade item. By the early 1900s, whaling ships had reached the shores of Hudson Bay, increasing the availability and use of beads on clothing in the central region of the Arctic. See Bernadette Driscoll, *The Inuit Amautik: I Like My Hood To Be Full* (Winnipeg: The Winnipeg Art Gallery, 1980), p. 17.

TUU'LUQ BEGAN TO EXPERIMENT in earnest with both beadwork design and works on cloth in 1969. She created beaded necklace collars fashioned from a pattern provided by the Butlers. Two collars from this period are included in the exhibition (cats. 1, 2). In 1971, she produced a

caribou-skin atigi decorated with beaded faces and geometric designs on the breastplate, as well as designs on the hood and sleeves (fig. 5). "The faces were difficult to do, particularly the mouth and eyes. The triangles on the amautik sleeves were copied from pictures." [a]

Impressed with Tuu'luq's artistry on duffle vests, mitts, and other clothing items, the Butlers gave her bigger pieces of material with which to experiment. She used these to produce long thin bands of cloth covered with varied embroidery designs, and by 1972 had begun creating heavily embroidered appliquéd images on large pieces of cloth.[28] Her sensibilities already attuned to the changing world around her, she delighted in the surface textures of the duffle cloth and stroud backings that served as her canvas, the juxtaposition of brightly coloured felt pieces, and the hues and tones of embroidery floss. While her choice of colours was initially garish, she quickly developed into a master colourist favouring rich earth colours intense and close in tonal value, later adding bright, contrasting primary colours.[29] In constructing her designs, she would engage in a wordless dialogue with her materials, playing with shape and colour, literally using the fabric pieces like swaths of pigment and covering their surfaces with thick embroidery stitching as visually fine and dense as Georges Seurat's pointillist brushstrokes. It is a painterly effect that no other contemporary artist has duplicated with handheld needle and thread. Because she had to teach herself to sew, her technique is relatively simple. On her figures she uses mostly a cross-stitch around the outer edges of the appliqués and a "v" stitch on the appliqués themselves. The latter resembles stitching used by quilters to keep their designs neat and flat, and its function in Tuu'luq's work is similar. These pragmatic matters notwithstanding, she is clearly fascinated by the formal effects of embroidery, exploiting this medium to create light, texture, and movement by employing repetitive patterns within which she varies the orientation, density, and colour of her stitches.

The geometric patterns, tightly integrated foreground and background treatment, subtle colour variations, and use of repetition in these highly sophisticated compositions resemble those found in beadwork design. Tuu'luq maintains that the few beaded works she made early in her career did not really influence her later designs on cloth. Nevertheless, the designs found on the two beaded collars included in the exhibition, as well as those shown in the photograph of her beaded atigi (fig. 6), foreshadow the artist's experimentation with geometric design in her works on cloth. Scholar of Inuit art Jean Blodgett has correctly noted that beadwork gave Tuu'luq a heightened sensitivity to the negative space of her picture plane, so that she ultimately granted it equal value to the positive space.[30] The planning and forethought required in beadwork design also served Tuu'luq well in producing such highly structured works as *Manitoba* (cat. 3), *Thirty Faces* (cat. 9), *Untitled* (cat. 11), and *Imagining Trees* (cat. 23).

The Arctic is a land of sharp contrasts of dark and light, a fact Tuu'luq acknowledged by favouring a dark cloth for her background. Nature also inspired her concern for the overall aesthetic treatment of her space, which resembles the tundra's rich surface textures and patterns. The land is full of such contrasts: the rich orange of lichen against gray, weathered rock; the bones of a caribou calf decomposing in stark relief against a snow-covered background feathered with slivers of pale grass; translucent

[a] Tuu'luq is likely referring to the popular photograph of five women in beaded atigiit taken aboard the A.P. Low Expedition of 1903 and 1904. Illustrated in Driscoll 1980, page 10.

5
Tuu'luq's beaded atigi, 1971.
Photo: K. J. Butler

6
Tuu'luq modelling her beaded atigi, sleeves and hood not complete, 1971.
Photo: K. J. Butler

7
Lichen growing on weathered rock, Baker Lake, 2000.
Photo: Gordon Willson

8
A veil of ice melting in the spring sun.
Photo: K. J Butler

sheets of splintered ice melting in the warm sun (figs. 7, 8, 9). These organic shapes, the patterns they make, and the intricacies of the miniature plants of the tundra carpet find their way into Tuu'luq's designs, easy to see in how she embroiders not only the appliquéd figures, but also the entire background, skilfully closing the gap between figure and ground. The delicate plant motifs in *Rites of Spring* (cat. 37), for example, hold their own against the stark relief of the appliquéd images of birds and animals, particularly since these figures are textured, but not coloured, with surface embroidery of a matching shade. In other instances, multiple layers of embroidery stitches are used to create rich sculptural surfaces, as in *Spring* (cat. 16) and *Ulu Women* (cat. 17).

DRAWING ON THE INTERCONNECTEDNESS OF SHAPES, Tuu'luq collapses the patterns found in nature into design motifs and sensations that are both ancient and modern. The heart motif, for example, she says relates to caribou hearts, hearts on playing cards, and feelings of love. In *Hearts* (cat. 8), the artist works all these elements into a lyrical composition of colour energetically and intricately set into a heavily stitched patchwork of heart shapes and outlines where figure and ground become equivalent. Similarly, in *Untitled* (cat. 11), the geometric circular designs of only slight variation, set within a panelled grid, become the sole subject of the hanging. The inverted U-shaped bands in *Goose Hunting in Spring* (cat. 22) turn the stone pens used to capture the moulting birds and their young into highly stylized elements. The bands and tight compositional layout of the birds act as a design motif repeated at regular intervals across the entire space until it fills it completely with rhythmic undulations. In *Untitled* (cat. 26), the various patterns seem to dissolve into one another, becoming an abstract symphony of shapes, colour, and light. Critical theorist Eric Michaels suggests that for many indigenous artists the working surface is a "continuance of the earth plane, intended to evoke a timelessness derived from Native notions of sacred concentricity".[31] Tuu'luq's designs reflect this notion of creation as a continuous evolution, a great living tradition practised throughout centuries.

The patterns in nature play an important role in the Inuit aesthetic. During his stay at Baker Lake, Jack Butler was given a gift of a box of bones from the head of a trout (fig. 10). He was told that the bones could be laid out in various sequences to

tell a story. These "story bones" also served as an exercise in visual thinking, a means to work out design and the play between figure and ground.[32] According to Butler, this process of analogical imagining informs Tuu'luq's work. The living forms in *My Homeland* (cat. 4) remind Butler of story-bone configurations. The same could be said for the arrangement of anthropomorphic figures around a core figure in *Untitled* (cat. 15), the interconnecting shapes in *Bountiful Thoughts* (cat. 27), or the seemingly unrelated yet coherent human and zoomorphic shapes that flank the bird in *Composition (large bird and figures)* (cat. 30).

9
A caribou skeleton decomposing on the tundra.
Photo: K. J. Butler

10
Story bones game.
Photo: K. J. Butler

Unfettered by art trends, Tuu'luq was free to engage creatively in discovery by whatever means suited her best: "I did not work with thoughts filling my mind as I sewed. I simply worked with a great deal of pleasure as I sewed and cut with scissors." As she spontaneously wielded her scissors, forms would emerge from the cut cloth: "I'd be thinking: 'How can I arrange these in a way that feels right?' I'd arrange them this way and that way, and cut them out certain ways. I have my own imagination so when that is active I know where the pieces will go."[33] The Cape Dorset artist Kenojuak Ashevak describes a similar artistic process of foregoing a preconceived plan in favour of letting her drawing evolve freely: "I start with a small part that is pleasing and I use that as a starting point to wander into and through the drawing . . . I try to make things which satisfy my eye, which satisfy my sense of form and colour. It is more an interplay of form and colour which I enjoy performing and I do it until it satisfies my eye and then I am on to something else."[34] Like Kenojuak, and many other contemporary artists, Tuu'luq looked to her material first to see what subject suggested itself, then completed the image.

PRINTMAKING TOOK PLACE
in a collaborative atmosphere at the Sanavik Co-operative in Baker Lake, but appliquéd and embroidered works on cloth were produced in the privacy of one's home. In fact, Tuu'luq was always rather protective of her work, stopping if someone came into her bedroom, which also served as her workplace: "I wait for them to leave . . . I get confused when people around me are talking when I work."[35]

The exception to this rule was her cousin Oonark, who was four years her senior and her closest friend. As artists, they often worked together, particularly in

summer when out at their camp. Tuu'luq also visited Oonark frequently at her home. "When we were together, we used to laugh a lot," she remembers. A dry, teasing humor infects their respective work. The exaggerated animal noses in *Laughing at Men with Big Noses* (cat. 19) appear in a work on cloth by Oonark produced around the same time.[36] The noses are humorous, but also phallic in length and shape – sexual nuances that poke fun at men and their carnal desires. According to Tuu'luq, Anguhadluq was "always craving a woman", which apparently was tremendously funny to the two friends.

Although their styles differed significantly, the artists shared a common cultural experience and similar aesthetic concerns. This cross-fertilization appears from time to time in their visual lexicon. The use of the *ulu*, the crescent-shaped woman's knife and a symbol of womanhood, as a design motif in *Ulu Women* (cat. 17) is one example. The flat, hieratic compositions in *Bountiful Thoughts* (cat. 27) and *Composition (large bird and figures)* (cat. 30) also resemble visual expressions favoured by Oonark.[37] While the latter was known to have developed the ulu motif well before Tuu'luq embarked on her artistic career, it is hard to say who was the leader in other instances. Each artist had a strong individual style. Oonark's was deeply embedded in the principles and aesthetics of clothing design; Tuu'luq's drew from a fascination with the texturally rich sculptural surfaces, organic patterns, and earth colours found in nature.

AS TUU'LUQ REVIEWS THE PHOTOGRAPHS of her work, the details of her life spill into my tape recorder. Its thin brown ribbon reattaches her, as we speak, to her birthplace on the open tundra, to her ancestral home. Although loath to abandon the comforts of living in a warm house, Tuu'luq's old bones still harbour a yearning to return to Chantrey Inlet, Back River, and Garry Lake. It appears in her eyes, in the far-off look she gets when she speaks of this area of the Barren Lands to the northwest of Baker Lake, a land that is as integral to her identity as the blood that courses through her veins.

For Inuit, as for most groups with a distinct history and culture, the land provides a convenient symbol and focus for identity. Tuu'luq's most cherished places, however, are not necessarily visible on a map. They exist on the periphery of her consciousness, as part of her life's journey. As a child, she spent almost all her time playing outdoors, and remembers travelling by dog team to the coast in spring with her relatives to hunt bearded seals. *Seal Hunt* (cat. 14) memorializes these trips as momentous occasions in her young life. Vertical rows of tiny stitches create an effect of fur on the men's parkas, while delicate chain-stitched strands seem to sway gently along the bottom hems. The figures are robust, the caribou-skin clothing fine. This is a portrayal of a time of plenty and contentment.

Motherless before her first birthday, Tuu'luq lived with many different families, including Oonark's: "When one family didn't want me I would go to another."[38] While she envied children who had mothers, she developed a very close relationship with her father, Ekinilik, who was an invalid, unable to walk. His suicide, effected at a point of extreme physical weakness during the food shortages of the 1920s, was difficult for her to accept, but necessary in Inuit tradition. Officially orphaned, Tuu'luq maintains

that her father did not abandon her after death. His voice spoke to her several times. When they were camped at Tipyalik and there were no caribou to be found, he pointed her toward a food cache buried in deep snow, thereby averting starvation at her camp.[39] Joy follows sorrow, feast becomes famine, life springs from death — Arctic life is marked by extreme oscillations. Sharp-eyed, Tuu'luq could spot a caribou at a great distance and would often take the lead when walking with her brothers, as she was extremely good at following tracks in the snow and remembering places.[40] At the same time, she recalls being very shy as a child: "I was very beautiful, so much that I was kept away from people as it was tiring being stared at so much. I had flowing hair and I was very beautiful in the eyes of others. I became shy for that reason"[41] (fig. 11). And the cold — who could forget the bone chilling temperatures of winter? "Snowhouses were cold, your hands were cold, the skins were tough and hard."[42]

Her dependency on others for her well-being continued until she married her cousin Ujarai about 1928 at around age eighteen. Widowed in the spring of 1954, in 1955 she married Luke Anguhadluq, who later became a well-known artist in his own right. Men and women were mutually dependent on each other in traditional life, each finding it almost impossible to survive without the other, so this union, explained Tuu'luq, was "for her children's sake".[43] Anguhadluq provided well for the family, but life with him was restless and unsettled: "He was cleaned with a seagull at birth so he would travel around all the time."[44]

In *The Life of a Man* (cat. 24), Tuu'luq acknowledges her counterpart's importance as provider. In this role, the male destiny is to be in constant negotiation with the creatures from the animal and spirit worlds. The small figure at bottom centre, embellished with decorative chevron markings and a thick penis and testicles, attests to a second essential role — the man's part in the procreation that ensures the survival of the human race. Through her two marriages, Tuu'luq bore sixteen, possibly seventeen children (she is no longer sure), and buried all but four in shallow, unmarked graves on the land.

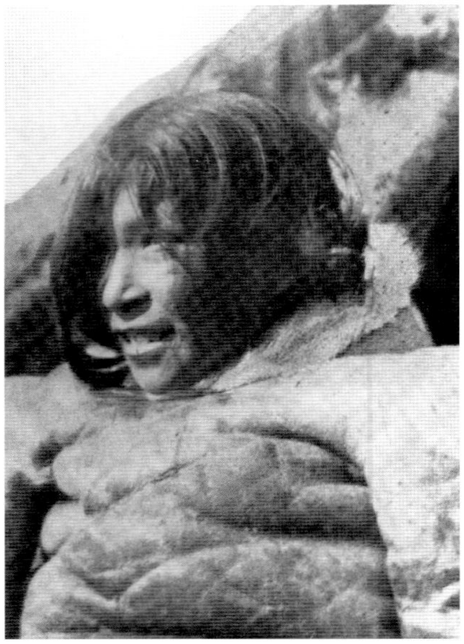

11
Tuu'luq at around age ten.
Photo: Courtesy of the artist, photographer unknown

TUU'LUQ'S VISUAL EXPRESSION

is a hybrid of memories: "Those are the only things I know."[45] The landscape of memory, however, is by nature disjunctive, jumbled in time and space, suffused with feeling rather than fact. "Remembering," states Bhabha, "is never a quiet act of introspection or retrospection. It is a painful re-membering, a putting together of the dismembered past to make sense of the trauma of the present."[46]

Dismembered/Remembered (cat. 28) functions as a graphic depiction of this process, an attempt to impose order on the chaos. Breaking the various parts of the picture into bisecting planes, Tuu'luq fills each division with familiar objects deliberately deconstructed into isolated forms — the various parts of a caribou carcass; dismembered birds, fish, and bears; and clothing patterns for men's and women's multiple summer caribou-skin garments. It is a proto-Cubist approach that evokes a flavour of modernity, particularly in the shifting planes of light, colour, and form. Laying them out all together in this way facilitates the artist's ability to remember the construction and meaning of the

objects and to sustain them in memory as a whole.

This strategy surfaces over and over again. In the tangible third space of the flat expanses of cloth that serve as her medium, Tuu'luq blends iconography with personal, historical, and geographical references to create a framework, a "home away from home" through which she unfolds her meaning and purpose as a person. Her appliquéd and embroidered hangings serve as a mnemonic device to organize what is important to her, to recapitulate the personal and collective stories that turn an empty surface into meaningful space suffused with memories and sensations.

Gathering Together in Spring (cat. 18) is a figurative articulation of Inuit leaving their scattered camps in springtime to gather at one of the many fish camps along the Back River. The spring migrations bring an astounding concentration of animals to the Arctic each year. This hanging brims with Arctic hare, lemmings, fish, birds and butterflies. Musk-oxen and caribou drift by with their young in tow.

As a poignant counterpoint to the spring vitality, Tuu'luq inserts an image of a small sled dog curled up into a tight ball. Barely noticeable but appearing in many of her works, this image refers to the importance of dogs in traditional life, but also, because sled dogs were the food of last resort, and because they were often found frozen to death in this fetal position, it reads as an icon of death. In keeping with the theme, wolves are shown attacking a young calf. Death as part of life is a terse reality for humans and animals alike.

Interspersed throughout the upsurge of wildlife are men, women, and children engaged in play and work. The scene is not specifically located in time and place. Rather, it exists as Tuu'luq's lasting impression of spring with all its fecund, regenerative possibilities: "A happy time when people got together."[47]

The theme of spring runs through many of Tuu'luq's hangings. She herself was born in spring, probably in May 1910. Others have recalled for her that it was a time when, for some reason she doesn't know, people were angry and arguing among themselves. Her future father-in-law, who was a shaman, told her that she was born to make people happy, and she admits she has always been able to make people laugh. When asked to talk about *Happy Face* (cat. 13), she jokes that the stylized, tattoo-like bands and circular shapes are hockey sticks and pucks, then breaks out in peals of laughter which Rosie and I are incapable of resisting.

TUU'LUQ'S IMAGES ARE DECORATIVE, richly coloured, and ornamental rather than imitative. Her compositions are based on repetitions of format, motif, and colour that are as rhythmic as the seasons. All explore the simple yet intricate aboriginal notion of regeneration, a rebirth that contributes to a sense of place, history, and endurance. Perhaps this is why Tuu'luq approaches with such intensity and care the subject of the trumpeter swan. The long migratory flight of these large birds from as far away as Texas and Chesapeake Bay never failed to inspire her. Sightings, usually in mid-May, were increasingly rare by the 1950s. Feminine fashion trends had contributed to a brisk trade in swan skins on the North American fur-trade market in the mid and late nineteenth century, decimating the flocks.[48]

In *Trumpeter Swans* (cat. 6), Tuu'luq recreates their nesting grounds in the marshy waters and lush grassy patches of the low tundra. The birds' bulky bodies, stiffly upright necks, and flat horizontal beaks suggest, according to ornithologists, that they are resting on water. Sea gulls heckle nearby. The faces are people lying on the ground watching the swans, she says. It is clearly a treasured moment, a privileged communion with nature.

Rendered from an aerial perspective, the individual bird forms give way to a cohesive composition of figures moving within an Inuit perception of space and time, the complexity of which can only be properly defined in Inuktitut. The scene is compressed, elegant, richly tactile, and contained within a lively border of hummocks densely embroidered with a colourful outburst of new vegetation. The original vibrant pinks, reds, and greens used to convey the startling juxtapositions of shapes against the light-drowned tundra have since faded to soft, sombre hues, growing dimmer with time as in memory.

Throughout Tuu'luq's compositions, animals, birds, fish, and transformed creatures move in a landscape inseparable from life and all its complexities. This metaphorical pageant sets the stage for much of her understanding of symmetry, cadence, and harmony in the construction of meaning. There is a gentle disorderliness that runs through much of her work, a sense of drifting through an undisturbed land where it is possible to feel the slope of time. It is time that is not of the moment but, in concert with memory and imagination, measured by the length of a life. Each scene is tightly packed, and everyone and everything is on the move; even the graceful sway of the stunted vegetation and the mild undulations in an otherwise flat ground do not escape the artist's attention.

What drives this movement? Is it the uncertainty of surviving past tomorrow, the restlessness engendered by a lifetime of moving from place to place, or an attempt to defeat the vastness of the land? In spite of her own compromised situation, Tuu'luq does not dwell on the anxieties that hover over daily existence. Rather, she turns to the endless streaming sun, which according to her matters most in life. Its nurturing energy appears again and again in works like *Sun Woman* (cat. 12): "I was thinking of the bright sun in the sky, and the tundra, and caribou, and wolf, and all the little things that live and walk upon the tundra."[49] Set against a vivid blue background is a round face with circular, bead-like bands radiating from it in colourful asymmetrical triangular rays. This treatment pulses with the same kind of energy that infuses the geometric beaded collar designs Tuu'luq produced in the late 1960s, and is decidedly feminine (cats. 1, 2). The sun's female gender is reinforced by the image above her head of an ulu, the woman's knife. A second ulu, graphically and symbolically merged with bird imagery and repeated throughout the composition, is a tribute to the procreative power of women and nature. Amidst all this fecundity hovers the small curled dog.

JOAN M. VASTOKAS HAS REMARKED on how Inuit artists tend to develop their pictorial images from a central core or axis, or from multiple nuclei within their compositions: "Eskimo artists of all times endowed their works with a sense of energy and life, or life force . . . This sense of nucleated energy, or organic flow, of living, growing, and developing forms on a surface

has persisted as a major stylistic trend in Arctic and Eskimo art to the present day."[50] Several of Tuu'luq's compositions are arranged as visual vortices that echo this ancient sensibility.

At times she creates a heavily patterned border to contain the energy of the forms within it. *Lake Trout* (cat. 5, fig. 12), *Untitled* (cat. 11), *Spring* (cat. 16), and *Imagining Trees* (cat. 23) function in this way. The compositional format frames the patterns in nature, again bringing to mind the geometric designs of the beaded collars. In other works, her figures spiral around a human face. According to Tuu'luq, the oft-repeated image of a human face has no particular meaning — it has existed in her mind since before she started producing art[51] — but it centralizes her compositions for the viewer in a spellbinding way.

Upon seeing the bright yellow face in *Untitled* (cat. 15), Tuu'luq starts to tell us a story:

> The sun woman had a brother, Aningnat, who was the man in the moon. When the people of Iqqitnat showed up, the moon man decided to marry a woman and the sun woman decided to marry one of the men. When married, all the men had to stand in a certain position in front of the sun woman and the moon man and their new spouses. All the women knelt facing the men. After they were married, the moon decided to ask all the grooms in the past to kiss their wives (because he was shy about kiss ng his wife).
>
> Another Iqqitnat man took a piece of burning oil and gave it to the moon man. The moon man took it to see who was attending the wedding. The oil was burning too fast: the soot dirtied his nose. He found out and lowered the burning oil. So the bride woman was left in the dark. He stayed away from his sister, sun woman. When he had the courage, he came around. When she saw him, she blew at him, and that is why the moon is in the dark. When the people gathered once again, they ran around the iglu. As they did that, the sun woman and the moon man went up into the sky. The sun woman got pregnant. When the baby was born, she shouted that she had a boy. The mother-in-law heard she had a grandson and started singing a joyful song. When she was finishing the song, she was so happy she somehow sat on a fork and suddenly died.
>
> One of the Iqqitnats got into the crowd and shouted that he was a relative (an in-law to the family). When he finally realized that they were eating (they were sucking the food instead of chewing), he shouted: Ah! You are eating — I will join you.[52]

This is only one part of a very long story, varying from region to region, and used primarily to explain the existence of the sun and moon and the changing seasons.[53] First documented by Danish ethnologist Knud Rasmussen, it is a lustful tale of incestuous romance between a brother and sister, an aspect of the story that Tuu'luq only alludes to in passing.

12
Tuu'luq (left) and Oonark at spr ng camp working on *Lake Trout* (cat. 5), with Anguhadluq (seated) and an unidentified man looking on, c. 1971.
Photo: K. J. Butler

In *Imagining Trees* (cat. 23) and *Avaalaaqiaq (willows)* (cat. 32), the sun's gleaming rays translate as punches of brilliant red, gold, green, pink, blue, and white, infusing the composition with light and energy. Tuu'luq elongates the natural form of the Arctic willow to resemble the trees whose height and gentle swaying motion so impressed her on her visit south. The vegetation seems to strain toward the sun's life-giving force.

The sun's rays also fuel the plethora of life forms in *One Man's Dream* (cat. 33), a rapturous, apparently inexhaustible panorama that merges the edges of the physical landscape with those of a dream in a compelling pattern of light and colour. More than a hundred and fifty appliquéd images of people, animals, people transforming into animals, vegetation, and fanciful hearts rotate in tightly arranged concentric circles around a delicate, female, tattooed face, haloed with the sun's rays.

Produced near the end of her artistic career, this work stands as Tuu'luq's *tour de force*. It attests to her status as a masterful formalist and to the maturity of her artistry. It also serves as a visual summation of the underlying philosophy that fuels her creative expression. What Tuu'luq portrays in *One Man's Dream* is the game of life. The protagonist in this visual drama is a small seated figure dressed in red located mid-way down the left border. In an unusual move, Tuu'luq has written the theme of this work in syllabics floating above the figure's head, as in a cartoon. It is, she says, just one man thinking, dreaming, about all the animals and people in his life. It is no man in particular, but Everyman. In Inuit culture, having such a vision makes a person an *isumataq*, a great thinker. Tuu'luq's ability to bring together what is actual with what is dreamed within

the space of her composition elevates her imagination to this higher state of human evolution. According to writer Barry Lopez, in moments like these "the conscious desire is to achieve a state, even momentarily, that like light is unbounded, nurturing, suffused with wisdom and creation, a state in which one has absorbed the very darkness which before was the perpetual sign of defeat."[54] The dog icon in the upper right corner is a reminder of the darkness that is constantly overcome by Inuit's indomitable will to survive.

TUU'LUQ SAYS SHE IS NOT A STORYTELLER, but bits and pieces of folklore find their way into her imagery, as shown in her tale of sun woman and moon man. In fact, she has given an alternative (though not necessarily inconsistent) interpretation of *Untitled* (cat. 15). It is, she says, about a mermaid, Takanasalupsu, who inhabits the waters at Back River and possibly Baker Lake: "My parents didn't tell stories, so when I moved to my mother-in-law's, I finally started hearing stories from her. It used to be so interesting, I would listen very carefully." She knows the story of the mermaid only vaguely now: "That fish swallows anything and cannot be caught. I've felt it before on my line. But I've heard that if someone catches it with a hook, that creature takes off the hook herself. She's an old lady-fish. I'm not the only one who felt that fish."[55] Tuu'luq once expressed the wish that she could be a fish so her life would be lively and full of fun.[56] If she were a fish, she said, she would tease the fishermen.[57]

Night Sky (cat. 7) is drawn from the legend of Ullaktut, in which four runners chase after a bear and ultimately become the three major stars in Orion's belt. They are shown here as a cluster of three heads with the head of the fourth runner, who returns to earth, below them. In the upper right corner, Tuu'luq also portrays the dogs (the stars that form the Hyades) that supposedly keep the star known as Nanurjuk, the polar bear star, at bay. There is also Kayuryuk, the reddish-brown dog who limps and cannot keep up with the others. Included as well is the star Tukturjuit, the caribou star in Ursa Major, at upper left.

At lower right are throat singers. The person riding a bird-sled may refer to the belief held by *Utkusiksalingmiut* that when people die "they are carried by the moon up to the land of heaven and live there on the eternal hunting grounds. We can see their windows from on earth, as the stars."[58] Tuu'luq also includes the legendary hero Kiviuq, riding a giant fish and chasing after his bird wife, shown directly below. Star-like shapes are scattered throughout the space. Stars served nomadic Inuit as navigational tools when setting a new route across the land and as a method of staying on course once underway.[59] There are many variations on the naming of stars, so it is not surprising that Tuu'luq's account of the night sky is not complete.

In contrast, *Faces (from the story of Kiviuq and Iqupjuk)* (cat. 25) is a compact summary of one component of the many Kiviuq legends. Here, Tuu'luq tells of the hero's encounter with the victims of Iqupjuk, the woman who captures men. He unwittingly stumbles upon her iglu filled with their flayed heads. In the artist's interpretation, he has tidied them up and placed them in neat rows so that they look decent before their relatives see them. The scene is tightly contained within two

half circles, echoing the circular shape of an iglu, but also, according to Tuu'luq, serving as an organizing principle for her composition.[60] Fine lines of vertical stitching on the background surfaces reinforce the sense of orderliness underlined in the story.

These stories, set in myth time, are an integral part of the Inuit concept of the land. Within this spiritual landscape arises the oral tradition encapsulating the forces and relationships that infuse their religious thought. In myth time, everything had a spirit and it was the role of the shaman to negotiate between the worlds of human and spirit. Few overtly shamanic images are found in Tuu'luq's work, but one striking exception is *People, Shamans, and Spirits* (cat. 20). This, she explains, is about "shamans getting together to do shamans' work." The people in the first row have special powers that enable them to communicate with the world of spirits to help humans procure food. In the second row, the shamans are shown with their helping spirits perched on their heads to guide them in their search for caribou. The horned figures in the bottom row are the shamans carrying caribou heads.[61] The use of bright colours punctuated with splashes of black against the stark simplicity of a frieze-like format brings a poster-type clarity to a complex subject.

Transformations from human to animal forms were not the sole purview of the shaman in times past, however. An animistic vision wherein the human body is able to enter another world is seen often in Tuu'luq's work and harks back to ancient days when Inuit believed that animals could become humans and humans animals. The boundaries between the two were said to be fluid and harmonious.[62] In *Bountiful Thoughts* (cat. 27), Tuu'luq graphically portrays this notion of transformation. The animal, bird, and human forms emerging from the human heads suggest the state of higher consciousness this feat required.

ALTHOUGH TUU'LUQ'S WORK IS ROOTED in a legacy of Inuit skills and imagery, it does not shy away from confronting the cross-cultural dynamics of Inuit's present-day existence as they move to-and-fro between worlds. Deploying her finely honed skills and a sharp, satiric humour, Tuu'luq threads her present reality stitch-by-stitch into her works on cloth, placing its oppressive, assimilative tendencies into a broader continuum that effectively neutralizes their negative impact on traditional knowledge, values, and beliefs. Showing a remarkable sensitivity to the mixtures and confluence of the southern and Inuit cultures that co-exist in Baker Lake, Tuu'luq refigures the past in order to understand and survive in the present; with her needle, she coerces both into an image of beauty and harmony that is quintessentially Inuit, yet fully of the moment. The result is a body of work that is a vigorous act of cultural translation, a witty reaffirmation of her sense of self and community.

Journey (cat. 21) is one such art work. With the move to Baker Lake, the centre of Tuu'luq's understanding of community shifted away from the land and its rhythms. This hanging uncategorically portrays the fact that Inuit had entered the modern world, and consequently become enmeshed in a hybrid cultural fabric. Tuu'luq shows people from Garry Lake, Cambridge Bay, and Back River travelling

together.[63] The sun and moon in the upper right mark the passage of time from day to night, but also reflect lives now lived by the clock rather than the seasons. A long-nosed cleric at center left rules love, marriage, and family life. And pop culture makes an appearance at the bottom where children blow bubblegum. The scene is busy and restless but harmonious, at least on the surface.

While Tuu'luq maintains today that *Untitled* (cat. 31) is purely decorative, it, too, seems to mark time. The centre circle is divided into sections of alternating red, brown, and beige; the seventh section is a bright blue — possibly representing *Sanattaili*, the day when one did not work and attendance at church was mandatory. The pie-shaped circle is set against four spikes, echoing the four seasons of the tundra, whose thick vegetation is rendered in flower-like motifs. The layering of Tuu'luq's imagery prompts us to ask ourselves, was it so long ago that we, Inuit or not, lived by the seasons alone?

There is a strong sense throughout Tuu'luq's work of moving forward while looking back. In this in-between space, this third space of existence that she represents for us physically in her works on cloth, we, the viewers, travel in a perpetual circle back to the present, where we can "reinscribe our human, historic commonality" and "touch the future on its hither side".[64] The patterns in many pieces, like *Untitled* (cat. 11), with its symbolic circular motifs arranged in a panelled grid, remind us that circles in the Inuit tradition are symbols of an ancient culture: "They are the drums, the symbol of the drum dance, the central ritual in the shamanistic hunting religion shared by our long-ago European ancestors."[65] They are the circles of the sun, the moon, the face, and the iglu.[66] The repeated motif draws us in, invites us deeper within its orderly, mysterious spirals, to a shared beginning where time and space, race and gender are re-contextualized, freeing both artist and viewer to move beyond these limitations.

In her art, Tuu'luq has had to find ways to synthesize the symbols of the traditional shamanic belief system with her acquired Christian values. Her friend Oonark accomplished this through stark symbolism, acknowledging shamanism, but severely demystifying its power.[67] Tuu'luq seems to strive for a more harmonious co-existence between old and new beliefs. A thick, well-thumbed, leather-bound volume of the New Testament never leaves her bedside. She pours over its teachings several times per day. Yet, she is a woman who was named Tuu'luqnaunaq after the helping spirit of her father-in-law Qingnaquqtuaq, a shaman. She recalls that he is credited with calling on another of his helping spirits — Iqutaq, the bumblebee — to save her from death when she was gravely ill as a child.

The Christian world and the Inuit world of spirits both appear in Tuu'luq's visual lexicon. *Crowd of People* (cat. 10) can be read as a crowd gathered for a traditional drum dance where shamanic rituals are performed, or as a church congregation. Tuu'luq has offered both as an explanation. According to the owner of the work, Stanley Zazelenchuk, the traditional theme prevailed at the time it was produced.[68] The crowd seems large for a drum dance, but Oonark and Anguhadluq have portrayed similar grand gatherings. In recent interviews, however, Tuu'luq has described this scene as a church congregation. One hundred and forty-seven figures, standing shoulder-to-

shoulder in six long rows, bear down heavily on the dwarfed figure of a man beating his drum for a small assemblage of zoomorphic creatures. Is the artist alluding to the church's dominance, as noted earlier by Sheila Butler and William Noah? Tuu'luq herself admits she rarely went out but would never miss church on Sundays. The human figures in the bottom section are contained within an arc that is reminiscent of both the iglu frame and a church altar.

This merging of old and new beliefs is the legacy passed on to the next generation. *Tele-Vision Spirits* (cat. 29) seems to speak directly to young Inuit. It reflects television's power to influence and shape their understanding of the world, much as the shaman's visions did in traditional times. Housebound in her old age, Tuu'luq has spent many hours in front of the television with its largely English programming. Her favourite programs are nature shows and *Three's Company*. There are no signs of a tittering Suzanne Sommers in this work, but animal-like creatures abound. Fascinated by the flat ovoid of the beaver's tail — an animal known to her only through the TV — she uses this form as a decorative element, tacking it onto anthropomorphic figures that are as hypercoloured as Saturday-morning cartoon figures. This treatment exaggerates their otherworldliness, suspended within the blue shadow-world of the television screen. We see the figures from the back; is the single smiling face that looks towards us the viewer?

The artist's work of bridging cultures seems to reach its peak in *The Prayer Meeting* (cat. 36), her final work on cloth. At the core is a large rounded face with fish radiating from four sides. This cross-like image can be read as a Christian symbol or as a symbol of the traditional symbiotic relationship between human and nature. The top half of the work features people assembled in prayer, some with their arms raised, signalling their commitment to Jesus, as is practised by Tuu'luq and others in the Christian Fellowship Church at Baker Lake. In the lower half of the picture, Inuit, animals, and birds mix freely with figures of fish-women, fish-men and bird people, the animistic forms of their traditional universe. Produced when Tuu'luq was seventy-nine years old, this work may have been conceived after a bit of covert soul-searching into her own beliefs about the central importance of religion, in both forms, and the relationship between them in her life. It also speaks to Inuit's vision for Nunavut as a region of Canada where credence is paid once again to their traditional beliefs and values.

WHEN ASKED TO EXPLAIN HER IMAGERY, Tuu'luq attempts to respond but usually shrugs off any specifics. "How can I put it into words?" she asks me. According to Jack Butler, it is probable that Tuu'luq, like many Inuit artists, does not have the necessary vocabulary in her original language to explain the complex, multi-layered process she uses in the visual translation of her thoughts to art.[69] After much consultation and discussion, some of her works have been assigned titles, and other titles have been confirmed, but Tuu'luq remains uncommitted to these "attached meanings" and will often change her interpretation of a particular work. She says that she now regrets not giving any consideration to the "telling of the picture". She never thought she would be asked to explain her thoughts.[70]

Listening to Tuu'luq comment on meaning in her work, my friend Nellie Peryouar elaborated as perhaps only another Inuk woman could: "Whenever she does a work, it's out of inspiration from her inner feelings. She used to be so glad in working with materials and threads – most of her work is just 'there'."[71] As a curator, there is a need to glean bits of information from the artist's interviews and to selectively choose a few figures from her compositions as handles in the construction of meaning in order to provide insights for the uninformed viewer. But in the end, surely Tuu'luq's works on cloth speak for themselves. The stories they depict, from real time and myth time, come together in the material third space of her pictorial landscapes, filling them with significance. According to theorist Eric Michaels, it is this understanding, "that the landscape does speak and that it speaks directly to the initiated", that is at the core of the philosophy of many indigenous peoples. As such, states Michaels, the landscape "explains not only its own occurrence, but the order of the world."[72]

IN 1978, TUU'LUQ WAS HONOURED with membership in the Royal Canadian Academy of Arts, and in 1990 received an Honorary Degree of Doctor of Laws from the University of Alberta for her artistic endeavors, yet to date she has been marginalized by the contemporary Canadian art community. The nature of her materials and techniques has worked against the serious recognition as art that her creative expression deserves. Embroidery and the use of thread and textiles are inextricably linked to historical notions of femininity and the hierarchical categorization of art forms in Western culture. As Rozsika Parker points out in her book *The Subversive Stitch*: "When women paint, their work is categorized as homogeneously feminine, but it is acknowledged to be art. When women embroider, it is seen not as art, but entirely as the expression of femininity. And crucially, it is categorized as craft."[73]

It is not surprising, then, that the appliquéd and embroidered works on cloth produced in Baker Lake were given their first major public showing at the 1974 *Crafts from Arctic Canada* exhibition, presented in the Observation Gallery of the Toronto-Dominion Centre in Toronto from 18 June to 15 August, and then at the National Museum of Man in Ottawa from 3 October to 1 December. Tuu'luq had two fabric works in this exhibition, one of which was the stunningly abstract *Lake Trout* (cat. 5). Organized by the Canadian Eskimo Arts Council, the exhibition was intended to serve as an antidote to industrialization. In its search for "the 'unique', the hand and heart of visual expression",[74] the exhibition celebrated the importance of Inuit women's work and aesthetics. In retrospect, it appears more as an exercise in nostalgia. Its romanticization of objects made by hand using skills rising out of Native traditions and exotic ethnic cultures set the tone for the future. For many years to follow, works of art by Inuit artists would be presented as the creative expression of the "other", separate and distinct from the national contemporary art mainstream.

Inuit art galleries, on the other hand, did promote works on cloth from Baker Lake as fine art, but the marketplace relegated them to a status midway between art and craft, with a leaning towards craft, with its implication of being something other and

13
Anguhadluq and Tuu'luq, c. 1970.
Photo: K. J. Butler

less than art, reduced to so much neat handiwork per square inch. In a recent interview, David Sutherland, the Arts and Crafts Development Officer for the Government of the Northwest Territories who supervised Baker Lake from 1974 to 1986, recalled attempts to change the term for works on cloth from "wall hanging" to "fabric collage" in order to bestow more prestige and validity on this unique art form.[75] Complicating matters was the considerable pressure brought to bear by market forces that benefited from the production of "wall hangings" with a high "Eskimo" recognition factor.[76] Sutherland encouraged the marketing agencies to take more risks and to arrange exhibitions that focussed on individual Inuit artists. Canadian Arctic Producers, based in Winnipeg, is one such agency that made available the majority of the works on cloth by Tuu'luq

featured in the 1976 *Tuu'luq/Anguhadluq* exhibition at The Winnipeg Art Gallery, and the concurrent commercial exhibition of the couple's work at The Upstairs Gallery in the same city. CAP repeated this effort in 1980 by facilitating a solo exhibition of Tuu'luq's works on cloth at the same commercial gallery, giving the artist critical exposure. Her work proved popular with Inuit art patrons, but failed to attract attention outside this limited circle.

WHILE A FEMINIST/FEMININE EMPATHY surfaced among women writers and artists in the early 1970s in Canada, geographical remoteness and an ethnic ghettoization of Inuit art by the contemporary Canadian art mainstream precluded artists such as Tuu'luq from joining in the dialogue.[77] Geography aside, this is surprising, because their creative processes were based on the application of women's traditional skills and use of utilitarian materials. It can also be said that the small dramas of everyday life found in their invitingly haptic works on cloth closely echoed the feminist framework that sanctioned domestic life as viable subject matter for art.

Ironically, Inuit were centuries ahead of many cultures in understanding the essential and intrinsic value of women's work. Through the designing and sewing of traditional caribou-skin clothing, many Inuit women had found a means to express individuality within an integrated holistic aesthetic system that held no value-laden distinction between craft and art. Inuit understood that women's work was part of life, a matter of life and death. Without the necessary skills to sew proper clothing, a woman's family could freeze to death.

Thus rooted in cultural sources and imperatives, the appliquéd and embroidered works on cloth created by Tuu'luq and her contemporaries at Baker Lake combine the influence of traditional craft sensibilities and an integrated aesthetic system with a sensibility to light, colour, and movement. According to writer John Grande, this creative process resembles that of many indigenous artists and is part of a long tradition "where working with materials in a creative way is inseparable from lifestyle".[78]

It was a goal that many contemporary artists in the late 1960s and early 1970s aspired to and that required rethinking the meaning and materials of their work. Toronto artist Joyce Wieland's quilted assemblages, which explore "woman's art" as a re-connection between earth and body, coupled with a nationalistic fervor, share a particularly close affinity with Tuu'luq's visual expression. Wieland's show *True Patriot Love* (1971) at the National Gallery of Canada reintroduced the time-honoured women's skills of quilting, knitting, and embroidery in a patriotic (read anti-American) visual statement rooted in Trudeaumania and in the cultural identification of Canadians with their homeland. According to curator Marie Fleming, it also gave works on cloth "a striking prominence as well as fresh formal and contextual possibilities".[79] Wieland visited Cape Dorset in 1979; had she travelled to Baker Lake instead, she would have found Tuu'luq wielding her needle — an essential tool for survival in traditional times — to visually reconnect Inuit to their land in order to survive within the sphere of imported cultural domination that characterized their

lived experience. Her works on cloth were equally as fresh as and no less culturally or nationally relevant than Wieland's. At a time when many Inuit artists were working in media recognized by the art establishment – printmaking and sculpture – Tuu'luq, like Wieland and her feminist peers, chose the "craft" materials of fabric for her art-making, defining a "third space" for herself in medium as well as in content.

Montreal artist Betty Goodwin's manipulation of gloves, vests, and other items of clothing, from the same period, was an attempt to reconnect with the personal, to link to the collective purpose of making sense of the world in the turbulent 1960s and 1970s. In his essay on Goodwin, Matthew Teitelbaum posits the theory that the artist's use of clothing remnants suggests "that images can encapsulate states of remembering, and communicate that quiet desperation inherent in the struggle to hold on to an idea or a feeling that is soon to be lost".[80]

THIS TWENTIETH-CENTURY ANGST was no less real for Inuit. "The new danger," stated Sheila Butler in an article as early as 1972, "is that Inuit people will lose touch completely with their cultural roots, their language, and their way of life, and will have little with which to replace the loss."[81] While no one was anxious to return to the hardships of traditional life, Inuit nonetheless recognized the opportunity to use introduced art-making techniques to remember and memorialize their past, to "hold on" to it as long as they could in order to thwart cultural erasure.[82] Knowledge of caribou-skin clothing design and construction, a heightened aesthetic awareness of organic shapes and forms, and refined sewing techniques all played an important role in providing the underlying organizational structure for creating images on cloth.

Although they work within a different geographical and historical context, Inuit artists, like their peers elsewhere in Canada, draw meaning and understanding from the personal, material world around them in order to negotiate the present reality of their lived experience. According to Gerald McMaster, it is imperative that this shared historical perspective expressed through visual art is acknowledged because "our 'interrelated history' . . . is fundamental to our Canadian identity."[83] Tuu'luq's approach to artistic expression invites the viewer to move with her imaginatively into her polysemic vision, through works that offer multiple meanings and layers of understanding. She asks us to complete the scene, to relocate inside her third space – of land, time, medium, and intermingled cultures – in order to see the world from her perspective, to inhabit that in-between dimension where "the shadow of the other falls upon the self".[84]

Endnotes

For complete information for abbreviated titles, see the Selected Bibliography.

1. Except where otherwise noted, quotations or opinions attributed to Marion Tuu'luq in this essay are from Marie Bouchard's interview with her in Baker Lake in January 2001.
2. *Inuk* is the singular of the plural *Inuit.*
3. Kreelak and Gjerstad, 1991, film.
4. Tuu'luq, interview with Bouchard, June 1990.
5. Bhabha, 1994, p. 7.
6. McMaster, 1993-94, p. 17.
7. For further information on this topic, see Tester and Kulchyski, 1994.
8. Tuu'luq, interview with Bouchard, July 2000.
9. *Ibid.*, June 1990.
10. Tuu'luq, 1977.
11. Blodgett, 1976, n. p.
12. *Eskimo Carvers of Keewatin*, 1964, p. 15.
13. Butler, 1991, pp. 33-42.
14. Blodgett, 1976, n. p.
15. Rosie Niviaksiak, interview with Marie Bouchard, June 1990.
16. Noah, 1995, p. 19.
17. Butler, 1999, pp. 23-29.
18. Tuu'luq, interview with Bouchard, June 1990.
19. Tuu'luq in Ingram, 1990, p. 49.
20. *Ibid.*
21. Tuu'luq, 1989, pp. 44-57.
22. *Ibid.*
23. Butler, 1972, pp. 29-30.
24. Cook, 1994, p. 47.
25. Bouchard, 2000, p. 15.
26. Niviaksiak, interview with Bouchard, January 2001.
27. *Atigiit* is the plural of *atigi*.
28. K. J. Butler, 1976.
29. Blodgett, 1976, n. p.
30. *Ibid.*
31. Michaels, 1994, p. 10.
32. K. J. Butler, "The 'Story Bones'," 1999, pp. 8-9.
33. Tuu'luq, interview with Bouchard, July 2000.
34. Kenoujak in Blodgett, 1980, p. 37.
35. Tuu'luq, interview with Bouchard, June 1990.
36. This work was found in a private collection.
37. Bouchard, 2001, pp. 14-15.
38. Tuu'luq, 1975, p. 27.
39. Tuu'luq, 1977, p. 28
40. Tuu'luq, 1975, 29.
41. Tuu'luq, interview with Bouchard, July 2000.
42. S. Butler, 1972, p. 94.
43. Tuu'luq and Ujarai had 13 or possibly 14 children, of whom 4 survived to adulthood. She and Anguhadluq had 3 children, who died, and adopted 2 others. Tuu'luq, interview with Bouchard, June 1990.
44. *Ibid.*, January 2001.
45. Inuit Broadcasting Corporation, 1992.
46. Bhabha, 1994, p. 63.

47. Tuu'luq, interview with Bouchard, July 2000.
48. Snyder, 1957, p. 45.
49. Tuu'luq, interview with Bouchard, July 2000.
50. Vastokas, 1971–72, p. 78.
51. Tuu'luq, interview with Bouchard, June 1990.
52. Tuu'luq, interview with Bouchard, July 2000.
53. For a complete analysis of Inuit astronomy, see MacDonald, 1998.
54. Lopez, 1987, p. 371.
55. Tuu'luq, interview with Bouchard, September 2001.
56. Butler, 1972, p. 94.
57. Tuu'luq, interview with Bouchard, July 2000.
58. Knud Rasmussen, in MacDonald. 1998, p. 33.
59. MacDonald, 1998, p. 166.
60. Tuu'luq, interview with Bouchard, July 2000.
61. Tuu'luq, interview with Bouchard, September 2001.
62. Blodgett, 1978, p. 75.
63. Tuu'luq, interview with Bouchard, September 2001.
64. Bhabha, 1994, p. 7.
65. Butler, 1972, p. 99.
66. Blodgett and Bouchard, 1986, p. 56.
67. Bouchard, 2001, p. 13.
68. Stanley Zazelenchuk, personal communication with Marie Routledge, 22 September 2001.
69. K. J. Butler, interview with Marie Bouchard, Winnipeg, April 1999.
70. Tuu'luq, interview with Bouchard, July 2000.
71. *Ibid.*
72. Michaels, 1994, pp. 10, 59.
73. Parker, 1989, p. 4.
74. *Crafts from Arctic Canada*, [1974], n. p.
75. David Sutherland, interview by Marie Bouchard, 29 October 2000, author's notes.
76. *Ibid.*
77. S. Butler, 1995, p. 32.
78. Grande, 1994, p. 111.
79. Fleming, 1987, p. 81.
80. Teitelbaum, 1998, p. 13.
81. S. Butler, 1972, p. 99.
82. Bouchard 2000, p. 33.
83. McMaster, 2002, p. 3.
84. Bhabha, 1994, p. 60.

Made in United States
Orlando, FL
13 June 2023

34049624R00059

Senderos de sombra
se terminó de imprimir
en el mes de agosto de 2021
en los talleres gráficos de Gente Nueva Editorial,
Bogotá, D.C.